Die Sammler der Erinnerung

Christa Möbius

Die Sammler der Erinnerung

Christa Möbius

Steinmann

Besuchen Sie uns im Internet:

www.steinmannverlag.de

Erste Auflage

ISBN 978-3-927043-60-2
Covergestaltung: Almut Schweitzer-Herbold, Wuppertal
Titelabbildung: Fresko von Terentius Neo und seiner Frau
aus dem 1. Jahrhundert n. Chr., Neapel
Herstellung: Books on Demand GmbH, Norderstedt

Für Michael – nach über fünfzig Jahren gemeinsamen Lebens und gemeinsamer theologischer Arbeit

Um was es geht

Die Gerade Straße in Damaskus bin ich im Jahr 2010 entlanggegangen, in das ‚Paulustor' eingetreten. Im ‚Haus des Hananias' gelangte man über eine Treppe hinab in einen Raum aus dem ersten Jahrhundert unserer Zeitrechnung. Weitere Reste von römischen Villen oder Werkstätten aus der Zeit der Antike sind vermutlich unter der modernen Stadt verborgen.

So ist es mir leicht gefallen, mir die ‚Sammler der Erinnerung' gerade an diesem Ort vorzustellen.

Die Bibelwissenschaft des vorigen Jahrhunderts hat uns gezeigt, dass die Evangelien unseres Neuen Testaments in einem längeren Prozess entstanden sind. Worte Jesu und Erzählungen über seine Taten wurden in den frühen Gemeinden der Christenheit gesammelt. Großen Raum nahm dabei die Erinnerung an sein Leiden und Sterben und das Zeugnis von seiner Auferstehung ein.

Auf einer nächsten Stufe der Tradition wurden einander ähnliche Texte, etwa Gleichnisse Jesu oder Berichte über Heilungen, zu Einheiten zusammengefasst und durch Übergänge verbunden. Heute vermuten wir, dass sich dieser Prozess zwischen 70 und 100 n. Ch. am ehesten in den antiken Städten in Syrien vollzogen haben könnte. In den Hausgemeinden jener Metropolen trafen Menschen der verschiedensten Kulturen aus der Welt des Mittelmeerraumes aufeinander. Die Gebildeten unter ihnen konnten lesen und schreiben.

Denen, die an Jesus glaubten, war es wichtig, weiterzugeben, was sie selbst empfangen hatten und was ihr Leben bestimmte. Seine Stimme wollten sie hörbar machen für Menschen ihrer Zeit und Welt. Dabei leiteten sie auch ihre aktuellen Fragen, Sorgen und Nöte in einem Gemeinwesen im Römischen Reich der Kaiserzeit.

Mit den ‚Sammlern der Erinnerung' stelle ich mir also eine solche ‚Werkstatt' vor, in der Frauen und Männer sich darum bemühen, die schon vorliegenden Texte zu bewahren und weiter zu bearbeiten. Ich gebe ihnen Namen und Lebensbezüge. Ich lasse sie in ‚inneren Monologen' über das gemeinsame Werk nachdenken und sich auch miteinander über Fragen und Probleme austauschen.

Wie in meinem Buch ‚Das Nest im Feigenbaum', in dem ich mir die Entstehung einer frühen Gemeinde Jesu in Kapernaum vorstelle, beziehe ich mich dabei vor allem auf das Evangelium nach Markus, im Blick auf Damaskus auch auf die Apostelgeschichte des Lukas. Zugleich setze ich voraus, dass in den Hausgemeinden in Damaskus die Erinnerung an Personen aus der Frühzeit der christlichen Kirche lebendig war und dass theologische Gedanken des Apostels Paulus bekannt waren.

Was den wissenschaftlich-theologischen Hintergrund betrifft, so stütze ich mich besonders auf Ergebnisse der feministischen und sozialgeschichtlichen Forschung und auf neuere Arbeiten zur Entstehung des Evangeliums nach Markus, soweit sie mir zugänglich waren.

Beim Schreiben hat mich die Erinnerung oft in das Damaskus zurückgeführt, das ich damals besuchen durfte. Inzwischen denke ich mit großer Trauer an diese Stadt und mit Bangen an die Menschen, die wir in Syrien kennen lernten. Ich hoffe von Herzen, dass sich das Geschick von Stadt und Land endlich doch zum Frieden wendet. Mögen Sie mich trotz der veränderten Lage dorthin begleiten?

Flensburg, im Frühjahr 2016 *Christa Möbius*

Inhalt

Die Personen

Matthias: Tuchhändler in Damaskus, Judenchrist, Sohn von Hananias, bei ihm treffen sich die ‚Sammler'.

Jochanan: gesetzestreuer Anhänger Jesu, gehört zur Hauskirche in der Geraden Straße.

Titus: Veteran des römischen Heeres, Hausherr einer Villa in Damaskus.

Julia: seine Frau, sie war schon vor ihm interessiert an der ‚Neuen Lehre'.

Grecos: griechischer Sklave, Hauslehrer bei Titus, mit dem ganzen Hausstand wurde auch er getauft.

Melitta: Weberin mit eigener Werkstatt, Syrerin.

Rebecca: Angestellte bei Melitta, stammt aus Galiläa.

Nathanael: Schreiber mit einem Stand in der Geraden Straße.

Christen und Christinnen der ersten Generation, die im Text erwähnt werden:

in Galiläa: Simon Petrus, Andreas, Johannes, Jakobus, Thomas und Levi – Jünger Jesu;
Mirjam aus Magdala, Salome und die Mutter des Jakobus – Jüngerinnen Jesu;
die Schwiegermutter des Simon Petrus;
die Tochter des Jairus: in der Erzählung genannt Hanna und Rahel;

	Judith, eine weitere Christin der frühen Gemeinde;
in Judäa:	Mirjam und Martha in Betanien, Bartimäus in Jericho;
in Damaskus:	Hananias und Judas, der Apostel Paulus;

Mitarbeitende in den Gemeinden:

in Korinth:	Cloe, Phöbe, Crispos, Fortunatus;
in Rom:	Andronikus, Junia, Persis, Aquila und Priska;
in Philippi:	Clemens und Lydia
sowie	
Festus:	römischer Prokurator mit Amtssitz in Cäsarea;

Pontius Pilatus: römischer Prokurator zur Zeit Jesu.

Außer Judith erscheinen alle in verschiedenen Schriften des Neuen Testaments.

1. Im Tuchladen

Wie gut, dass wir den großen Lagerraum haben! In ihm konnten wir ablegen, was wir bisher zusammentragen haben. Das Lager im Keller gehört zum Tuchladen, den meine Familie seit Generationen betreibt. Mein Großvater hatte ihn gegründet, mein Vater Hananias hat ihn ausgebaut. Er war ein tüchtiger Geschäftsmann und angesehen hier in Damaskus. Sein Geschäft in einer Nebengasse der Geraden Straße kannten die Karavanenführer und Händler weit über die Grenzen der Provinz Syrien hinaus. Nun führe ich, **Matthias,** es weiter.

Zu welch einer Großstadt hat sich Damaskus entwickelt, seit es dem Römischen Reich eingegliedert worden ist! Schon immer war diese Oasenstadt ja ein bedeutender Handelsplatz am Schnittpunkt uralter Handelsstraßen von Norden nach Süden, vom Meer in die Wüste. Kostbare Seidenstoffe werden hier gewebt, Waffen und Messer aller Art werden bei uns geschmiedet. Dafür sind wir berühmt in der ganzen Welt. Doch natürlich wird bei uns auch mit vielem anderen gehandelt – mit Töpferwaren und Gewürzen, mit Duftwässern und Schriftrollen. Von dieser Lage als Umschlagplatz für Güter aus aller Herren Länder profitiert auch mein Geschäft. Ich habe glänzenden Damast in den verschiedensten Farben im Lager liegen, aber auch einfaches Leinen und wollene Tücher für Kundinnen mit geringerem Geldbeutel.

Schon vor einiger Zeit war es notwendig, in den Regalen Platz zu schaffen für die Papyri, die sich angesammelt haben. Und für die Gedanken, die wir selber inzwischen notiert haben, die Entwürfe, die entstanden sind und wieder verworfen wurden. Denn wie fasst man etwas zusammen, was es so noch nie gegeben hat? Wie könnten wir es benennen?

Ich muss wohl weiter ausholen, um zu erklären, womit wir uns abmühen. Übrigens fing all dies mit meinem Vater an. Hananias und sein Haus gehörten zu den Ersten in der Stadt, die sich damals der 'Neuen Lehre' anschlossen. Als Juden lebten sie fern ihrer Heimat – waren aber aufgeschlossen für neue Gedanken in unserem alten Glauben an den einen ewigen Gott. Sie erkannten, dass die Botschaft vom Messias Jesus die Erfüllung der uralten Sehnsucht unseres Volkes nach Gottes Heil war. Sie öffneten ihr Herz für den Glauben an ihn und ließen sich taufen auf seinen Namen. Seitdem gehören wir zur Ekklesia des Kyrios Jesus in der Weltstadt Damaskus. Und natürlich trifft sich auch weiterhin eine der Gemeinden in unserem Obergemach. Hier feiern wir miteinander das Mahl des Herrn, singen Hymnen, hören Worte der Ermahnung und Ermutigung. Manchmal können wir aus den Briefen ferner Geschwister vorlesen, manchmal nehmen wir wandernde Boten Gottes auf. Vor allem aber wiederholen wir uns die Worte und Geschichten von Jesus, die wir kennen.

Es gibt noch andere solcher Hausgemeinden in dieser großen Stadt. Eine trifft sich im Haus jenes Judas, der damals den erblindeten Paulus bei sich aufnahm. Darunter sind hauptsächlich jüdische Geschwister und solche Gottesfürchtige, die schon länger im Glauben an den Einen Gott Israels lebten und seine Gebote befolgten. Bei uns sind auch Frauen und Männer dabei, die einst den Gottheiten der Völker dienten. In unserer Mitte haben sie das Heil gefunden, das auch ihnen gilt. Unsere Ältesten haben sie getauft. Wir sind der neue Tempel des Ewigen, wie Paulus es einmal ausgedrückt hat.

Dass unser Gemeindegründer Hananias damals von Gott noch jenen besonderen Auftrag bekam, den Paulus aufzusuchen und ihm beim Beginn seines neuen Lebens mit und für Christus zu helfen, das steht auf einem anderen Blatt. Sein Tun bezeugt den Gehorsam und den Mut des Glaubens. Doch für unser Werk spielt diese Geschichte keine Rolle. Ob jemand anderes sie einmal aufschreiben wird?

Uns geht es nur um den Herrn Jesus selber. Um sein Leben bei uns Menschen auf dieser Erde. Und um sein Sterben für uns. Wir wollen, dass aufbewahrt wird, was davon bisher erzählt wurde. Und was weitergegeben wurde seit den Zeiten der ersten Jüngerinnen und Jünger. Wir brauchen diese Erinnerung. Wir brauchen diese Geschichte für unseren Glauben, für unser Leben miteinander als Geschwister und Nachfolger des Jesus von Nazareth so viele Jahre nach seinem Tod und seiner Auferstehung.

Natürlich ist das eine große Aufgabe. Wir haben kein Vorbild dafür. Wir kennen Zitate aus Briefen, die der Apostel Paulus an die Gemeinden in Korinth und Philippi und Rom schrieb. Abschriften von Auszügen daraus sind uns von dort gesandt worden und sind ein kostbarer Schatz in den vielen Fragen beim Bau und der Leitung unserer Gemeinde. Aber uns geht es ja um etwas anderes.

Zum Glück sind es mehrere aus unserer Gemeinde, die daran arbeiten. Eine kleine bunte Schar sozusagen, wie ja auch unsere Ekklesia sich zusammensetzt aus Männern und Frauen, aus Freien und Sklavinnen und Sklaven, aus

Juden und Jüdinnen und Menschen aus den Völkern. Sie alle sind in unserer Gruppe vertreten, und alle haben sie ihre besonderen Vorstellungen, was genau wir aufschreiben sollten. Ich muss das zum Glück nicht tun, obwohl ich als Kaufmann natürlich lesen und schreiben kann. Doch dafür haben wir einen anderen. Aber wir treffen uns in meinem Haus. Wie die gottesdienstliche Gemeinde am Tag des Herrn, so kommen auch wir an bestimmten Abenden zusammen im Obergemach, wo es ruhig ist und wo wir ungestört sind. Da gehen wir immer wieder unsere Schätze durch und fragen uns, wie wir sie ordnen sollen und was das Wichtigste ist. Meist reden die anderen. Ich bin still dabei. Ich bin der Aufbewahrer.

2. Die Schriften

Mein Name ist **Rebecca**. Ich gehöre zu jenem Kreis, der sich bei Matthias trifft. So, wie ich auch ein Glied seiner Hausgemeinde bin. Vielleicht gäbe es diese besondere Gruppe gar nicht ohne mich und Judith. Denn wir brachten die ersten Schriftstücke nach Damaskus. Wie lange ist das nun her? Und wie ist es dazu gekommen?

Ach ja, die Verbindung nach Damaskus kam durch unsere Weberei in Simons Haus in Kapernaum am See Genezareth zustande. Wir hatten begonnen, große Umschlagtücher zu weben, die wir mit bunten Borten bestickten. Sie waren hoch begehrt. Eines gelangte bis nach Damaskus. Eines Tages kam die Bestellung aus dem berühmten Tuchgeschäft des Hananias. Am Anfang war also die Handelsbeziehung. Dann folgte die nächste Überraschung: Auch Hananias und sein Haus gehörten zu Jesus, unserem Herrn. Als sie hörten, dass es bei uns Geschichten aus dessen Leben gäbe, waren sie fasziniert. Die wollten sie kennenlernen! So haben wir abgeschrieben, was bei uns schon notiert und zusammengestellt war. Mit einer weiteren Fracht von Tüchern sollten sie zu den Glaubensgeschwistern in die ferne große Stadt gelangen. Unsere Gemeindeleiter hatten beschlossen: Zwei aus unserer Mitte bringen sie zu Hananias. Sie wählten mich und Judith aus, die schon von Kindesbeinen an zur Gemeinde gehört hatte. Natürlich schlossen wir uns einer Karawane an. In einem dicken Packen luden wir unser Handelsgut auf ein Kamel. Aber Judith und ich trugen den wahren Schatz! Wir hatten die Abschriften in kleinen alten Vorratskrügen verborgen, sorgsam gebettet unter Gerstenkörnern und trockenen Linsen. Die sahen aus wie die Zutaten zu einem Brei, den man sich in der Karawanserei am Wegesrand zubereitet. Aber es war das Versteck für die Aufzeichnungen aus Kapernaum. Wir hatten sie ja von Anfang an gesammelt – die Worte und Taten des Jesus von Nazareth, unseres Lehrers und Bruders, dem wir folgten und dienten, seit er in unser Leben getreten war. Seine Jüngerinnen und Jünger haben sie erzählt. Andere erzählten sie weiter und prägten sie sich ein. Schließlich schrieben Levi und Rahel sie auf.

Wenn einem von uns eine der Gleichnisgeschichten wieder einfiel, tauchte oft bei einer anderen ein weiteres Bildwort auf. So reihte sich aneinander, was zusammen passte.

Wir wussten, dass auch die Anhänger Jesu in Jericho erzählten, was sich dort einst zugetragen hatte. Und in Betanien stand der Gemeinde um Martha und Mirjam der letzte Weg des Freundes noch so deutlich vor Augen, als sei alles gerade erst geschehen. Auch anderswo gab es also Papyri. Die Gemeinden teilten die kostbaren Erinnerungen, sie tauschten sie auch aus.

Und wir hatten sie nun weitergetragen nach Damaskus. Durch Briefe wussten wir schon länger von der Gemeinde Jesu dort. Sie nannten ihn den Kyrios, den Herrn der ganzen Welt, mächtiger als der Kaiser in Rom. Aber sie hatten ja nie mit ihm zusammen gelebt, so wie wir am See in Galiläa. Nun konnten wir ihnen erzählen vom Rabbi, der bei uns gelehrt und geheilt hatte. Und von uns, ‚seiner Familie'. So verstanden wir uns. Ich sage das, als sei ich selber von Anfang an dabei gewesen. Nein, dazu war ich zu jung. Ich war ein Kind, als unsere Familien sich im Haus des Simon versammelten. Als meine Eltern mich zum ersten Mal mitnahmen, lebte Hanna schon nicht mehr, Simons Schwiegermutter, die ehrwürdige Gründerin unserer Hausgemeinde. Alle sprachen mit Achtung davon, wie treu sie dem Freund gedient hatte. Aber Rahel habe ich noch kennengelernt. In Liebe hing sie weiterhin an dem, der sie einst gesund gemacht hatte. Sie hatte besonders viele Worte Jesu in ihrem Herzen bewahrt und schließlich aufgezeichnet.

Ich habe übrigens im Haus des Simon weben gelernt. Denn dort gab es inzwischen eben jene Werkstatt, in der wir jungen Mädchen uns dieses Handwerk aneignen konnten. Besonders gern webten wir Tücher nach uralten Mustern, wie Frauen bei uns sie seit Generationen tragen. Wir galten als gute Handwerkerinnen!

Wie wichtig war mein Beruf für mich, nachdem ich hier in der Stadt angekommen war und die Geschwister im Glauben mich baten, bei ihnen zu bleiben! So konnte ich mir eine Arbeitsstelle suchen. Nun webe ich schon lange in der Werkstatt von Melitta. Das ist ein richtig großer Betrieb. Melitta ist eine strenge Meisterin, die gute Arbeit fordert. Aber sie ist auch Christin. Und so sind wir Schwestern im Glauben an den einen Herrn.

Die Gemeinschaft in der Gemeinde war damals mein einziger Halt. Denn wie verwirrend war für mich junge Frau aus dem Dorf in Galiläa das Leben in einer Großstadt! Eine solch große Anzahl von Häusern an einem Ort hatte ich noch nie gesehen! Die prächtigen Anwesen der Reichen umschlossen Innenhöfe mit eigenen Brunnen und Bäumen. Durch ein festes Tor in der Umfassungsmauer betrat man zuerst eine Vorhalle und von dort aus die verschiedenen Wohnräume und Wirtschaftsgebäude. Die Mietwohnungen der ärmeren Leute zogen sich über ganze Stadtviertel hin. Ich verlief mich in den krummen Gassen der Altstadt. Und die geraden Straßenzüge der Neustadt sahen für mich alle gleich aus. Erst langsam fand ich mich zurecht, indem ich mir besondere Gebäude wie Theater oder Badehäuser einprägte. Dann erst traute ich mich auf einen Markt, um mir das bunte Treiben dort anzusehen – all die Stände mit Fleisch und Gemüse, mit Korn und Wolle, mit lebenden Tieren und gedörrtem Fisch! Dazwischen das Gewimmel der Käuferinnen und Käufer! An einer ruhigeren Ecke sammelten Geschichtenerzähler einen Kreis von Zuhörern um sich. Gaukler zeigten ihre Kunststücke, vor Taschendieben musste man sich in Acht nehmen.

Zum Glück halfen mir meine Meisterin und die anderen Weberinnen dabei, mich zurechtzufinden und einzuleben. Besonders deren Kinder nahmen mich an die Hand. Nach ihren häuslichen Pflichten hatten sie Zeit, mich zu begleiten, wenn ich mich einmal in die Stadt traute. Und dann erkundigten sie sich nach meinem Leben in dem Dorf am Galiläischen Meer, das ich nicht vergessen konnte.

Auch Melitta gehört übrigens zu dem kleinen Kreis bei Matthias. Sie wird nicht müde, nach den ersten Jüngerinnen des Rabbis zu fragen. Wie hießen sie? Waren sie wirklich wie Schülerinnen mit dem Wanderlehrer unterwegs gewesen? Und was hatten wir uns gemerkt von den Frauen, die Jesus geheilt hatte? Woran hatten sie gelitten? Was hatte Jesus zu ihnen gesagt? Wie lebten sie nach ihrer Heilung?

Zum Glück konnte Judith über solche Einzelheiten Auskunft geben, denn sie hatte als junges Mädchen selbst noch mit den Schwestern in der Gemeinde gesprochen. Sie ist übrigens weitergezogen nach Antiochia. Dort gibt es eine der größten Gemeinden im Römischen Reich. Auch Paulus hat dort gelebt, ehe er seine Reisen als Apostel Jesu Christi begann. Doch ich und unsere Schriften blieben hier in Damaskus. Was wird schließlich daraus werden?

3. Der Schreiber

Ich bin **Nathanael**. Es ist wirklich ein Segen, dass wir Rebecca unter uns haben. Denn die Schriftstücke mit den Worten und Taten des Herrn sind das eine. Das andere ist das, was unbedingt dazu gehört, wenn man sie vielleicht zu einer Geschichte zusammenfügen möchte: die Orte, die Zeiten, die Umstände. Eben alles, was wir am liebsten mit den eigenen Augen sehen möchten, um uns vorzustellen, was einst geschehen ist.

Und so frage ich Rebecca aus: Wie viele Räume hatte Simons Haus? Wie weit ist es von dort bis zum See? Hatten er und sein Bruder Andreas ein eigenes Boot? Was geschah mit den Fischen, die sie fingen? Mich interessiert so vieles. Wie groß war die Synagoge, in der Jesus sprach und heilte? Haben der Synagogenvorsteher Jairus und er dort miteinander disputiert, wie es unter Lehrern der Thora üblich ist? Gab es in Kapernaum Familien, die nach den strengen Vorschriften der Pharisäer lebten? Ich möchte mir alles so genau wie möglich vorstellen können: Wie lange wandert ein rüstiger Mensch von Nazareth aus durchs Taubental hinab an den See Genezareth? Hat Rebecca einmal den Wachtturm gesehen, den die reichen Besitzer der Fischereibetriebe von Magdala zu ihrem Schutz erbaut hatten? Und wo stand die Zollstation, die Levi verließ, um Jesus nachzufolgen?

Ich bin einmal im Gebiet der Zehn Städte gewesen. Deshalb kann ich mir die Landschaft in Galiläa vorstellen. Ich möchte, dass auch die Leser unseres Erzählwerkes Bilder vor Augen haben: Weinberge und Kornfelder, steinige Wege und das Ufer des Sees Genezareth. Darum notiere ich mir jede Einzelheit, die ich erfahren kann. Denn wenn aus einzelnen überlieferten Teilen jemals ein zusammenhängender Bericht werden soll, dann muss er so genau und wahrheitsgetreu werden, wie es nur irgend geht. Wir erzählen ja kein Epos, wie die Griechen sie über ihre Helden vortragen. Unser Herr Jesus ist kein Herakles oder Asclepios, obwohl manche Hörer bei seinen Heilungen an den Wunderarzt denken mögen. Wir erdichten auch keinen Mythos von einem göttlichen Wesen, dass eine Zeitlang bei uns Sterblichen auf der Erde wohnte. Nein,

Jesus war ein Mensch wie wir. Er war Josephs Sohn, ein Bauhandwerker aus Nazareth.

Und doch war er mehr. Wie können wir das in Worte fassen?

Solche Fragen der Gestaltung treiben mich mehr um als die anderen im Kreis. Denn ich bin ja Schreiber und unter meinem Namen in der Stadt bekannt. Meinen Stand habe ich an der Einmündung einer Seitengasse in die Gerade Straße. Über die Mauer um den Hof eines größeren Anwesens recken sich die Äste eines mächtigen, alten Feigenbaumes und bieten mir willkommenen Schatten. In der Nähe befinden sich eine Nagelschmiede und ein Laden für feine Duftwässer und kostbare Salben. Ein Stückchen weiter bietet eine Händlerin honigsüßes Gebäck, kandierte Feigen und Datteln feil. Ein Heilkundiger hat auf einer Bank Kräuter und Wurzeln ausgebreitet. Er zieht auch schmerzende Zähne und schient gebrochene Gliedmaßen. Die nächste öffentliche Latrine ist zum Glück weit genug entfernt, als dass ihre Gerüche mich und meine Kunden stören könnten. Gern hätte ich meinen Stand an einem kleinen Töpfermarkt aufgeschlagen. Denn dort lockt auch ein Hufschmied viel Kundschaft an. Doch da hatte schon eine Wahrsagerin ihr Zelt aufgestellt. Und in solch eine Nachbarschaft möchte ich mich nicht gern begeben! Aber ich will nicht klagen, auch an meiner Ecke kommen viele Menschen vorbei – der Karawanenführer und der Eisenwarenhändler, der Sandalenmacher und die Fladenbäckerin. Wer ein Schriftstück braucht, bleibt bei mir stehen und feilscht um den Preis für die Zeile. Eingaben an die Obrigkeit, einen Kaufvertrag, die Eheurkunde? Ich setze alles auf und bringe es in die richtige Form.

Deshalb haben sich die Geschwister von der ‚Neuen Lehre' auch an mich gewandt. Doch was ihnen vorschwebt, müsste wohl noch etwas anders werden, als das, was ich bisher zu Papier gebracht habe.

Nathanael, sagen sie, du kennst dich doch aus mit allem Schriftlichen. Auf was greift man zurück, wenn man von einem besonderen Menschen berichten will? Auf Romane, auf Lebensbeschreibungen, auf Legendensammlungen? Ich betrachte dann die Papyri mit den Lehrgesprächen und den Bildreden, den wunderbaren Erlebnissen und unverständigen Fragen und sage: Ich weiß es nicht. Wir suchen noch danach.

Natürlich müssten wir es am Ende in Griechisch aufschreiben, auch wenn wir jetzt miteinander Aramäisch sprechen. Denn Griechisch ist schließlich die Sprache der Lesekundigen überall im Römischen Reich. Auch die Juden, die in den großen Städten des Imperiums wohnen, verstehen sie. Die gebildeten Römer haben sie von ihren Hauslehrern gelernt. Vielleicht konnte sogar Jesus einige Worte Griechisch sprechen und verstehen. Möglicherweise hat er ja eine Zeitlang als Bauhandwerker auf einer der großen Baustellen in Tiberias oder Sephoris gearbeitet. Aber das wissen wir nicht. Vielleicht hätte sein Bruder Jakobus es berichten können, der nach Simon Petrus die Gemeinde des Messias in Jerusalem leitete. Doch er lebt nicht mehr. Von jenen glaubenden Bekennern der ersten Stunde wurde uns allen das Zeugnis vom Leiden und Sterben unseres Herrn Jesus Christus überliefert. Das ist Kern und Zielpunkt all unseres Nachdenkens über ihn und unseres Weitererzählens von ihm.

Auch diese Anfänge liegen nun schon Jahre zurück. Wie wir hörten, gibt es weiterhin eine Gemeinde von

Jesus-Gläubigen in der alten heiligen Stadt. Doch wir sind hier – das neue Volk Gottes aus Israel und den Völkern.

Auch das, zum Beispiel, ist eine Frage, die uns bewegt: Wie wurde dieser ungewöhnliche Weg möglich? Wie konnte sich in Israel eine Tür öffnen für Menschen aus dem ganzen Imperium? Wenn wir das beschreiben wollen: Wo fangen wir an, wo hören wir auf?

4. Frauenfragen

Ich heiße **Melitta** und bin als Weberin nie weit herumgekommen, nicht einmal in unserer Provinz Syrien. Dabei bin ich doch eine gestandene Frau mit eigener Werkstatt! So gern wäre ich einmal nach Galiläa gereist! Und wie sehr wünschte ich mir, sie kennengelernt zu haben – Mirjam aus Magdala und Salome, Rahel, des Jairus Tochter, und Simons Schwiegermutter, die Gemeindegründerin von Kapernaum! Dass Jesus von Anfang an auch Jüngerinnen hatte, das dürfen wir nie vergessen, solange die Botschaft von ihm weitergegeben wird! Das ist die besonders gute Nachricht für uns Frauen in den Gemeinden überall im Römischen Reich: Wir gehören dazu. Wir stehen gleichwertig neben den Brüdern. Wir haben unseren Platz am Tisch des Herrn und beim Beten und Lernen und Lehren miteinander.

Wie gut, dass wir ihre Geschichten haben! ‚Jesus lehrte in der Synagoge. Und siehe, da war eine Frau, die war krumm und lahm. Jesus sah sie und rief sie zu sich. Und er legte seine Hand auf sie. Da richtete sie sich auf.' So hat Rahel es aufgeschrieben. Gesegnet sei sie für ihre Worte. Oder für die kleine Geschichte, mit der in Kapernaum das Leben der Gemeinde begann: ‚Und er kam in das Haus des Simon. Seine Schwiegermutter aber lag krank danieder. Das sagten sie ihm. Da trat Jesus an ihr Lager, ergriff ihre Hand und richtete sie auf. Sie aber stand auf und diente ihm.' So haben seitdem Frauen in Antiochia und Ephesus gedient, Phöbe in Korinth und Junia in Rom, die Paulus in seinen Briefen grüßt. So diene ich hier mit meinem Haus dem Kyrios und seiner Kirche in Damaskus. Ich bin nur Melitta, die Weberin, eine Handwerkerin von früh bis spät. Aber in meiner Werkstatt finden Schwestern Arbeit und Brot. Und ehe wir am Morgen beginnen, erheben wir die Hände zum Vater in den Himmeln, wie wir es von Jesus gelernt haben.

Ich habe eine Lieblingsgeschichte unter den verschiedenen Berichten von Heilungen. Es ist die von der Bluterin. Was für eine Frau! Sie setzt alles auf eine Karte, drängt sich durch die Menge zu Jesus und berührt sein Gewand! Sie vertraut einfach auf Hilfe und erhält sie. Und dann ihr Gespräch mit Jesus, ihr offenes Bekenntnis zu ihrer Krankheit, sein Zuspruch: ‚Dein Vertrauen hat dich gerettet'. Du selbst hast dein Leben verändert! Heißt das nicht auch: Wir Frauen müssen heraus aus dem Hintergrund, wo so viele bisher ihr Leben führten? Außerdem frage ich mich, ob die Schwestern in Kapernaum begriffen haben, was sie da ganz nebenbei mit überlieferten? Jesus verliert kein Wort darüber, ob diese Berührung durch die Bluterin ihn unrein gemacht habe! Es kümmert ihn offenbar überhaupt nicht. Ein Menschenkind wurde wieder gesund, darauf kommt es an!

Aber wenn wir Schwestern unter uns sind, dann wiederholen wir uns ebenso gern jene Erzählung von der Frau aus Thyros. Wir nennen sie: die Frau, die Jesus zum Grenzgänger machte! Ja gut, er war schon aus Galiläa herausgekommen in jenen Tagen. Aber die Schranke in ihm hatte sich noch nicht gehoben, noch stand die unsichtbare Mauer zwischen seinem Volk und den Nachbarn. Und dann kam sie mit ihrer Bitte: ‚Heilung für mein Kind, du kannst es'. Und er: ‚Zum Hause Israel bin ich gesandt. Das ist wie mit Brot, das es nur für die Kinder gibt, nicht für die Haushunde'. – ‚Ha, da hast du ja etwas Rechtes gesagt! Was vom Essen der Kleinen abfällt, das schnappen sich doch die Hündchen'! Was für ein Zutrauen zum Reichtum an Heil und Segen bei Gott! Es reicht für alle. Dein Kind wird leben. Und Leben in Fülle tut sich nun auch auf für die Menschen jenseits der Grenzen, die seine Worte hören und ihnen folgen. Den Namen jener Frau in Thyros kennen wir nicht. Aber sie war eine der Türöffnerinnen – für uns in Damaskus und Philippi und bis zu allen Grenzen des Reiches.

Auch Julia, die Frau von Titus, hört begeistert zu, wenn Rebecca erzählt. Sie fragt immer wieder, ob sie wirklich mit ihm gewandert seien, ob Mirjam und Salome wirklich mit dem Rabbi als seine Schülerinnen unterwegs waren. Der braven römischen Bürgerin und Matrone erscheint das wie eine Fabel. Dabei kommt ihr im Haus des Titus als Hausfrau und Mutter eine gewichtige Rolle zu.

Gewiss, bestätigt Rebecca, für Jesus waren sie seine Jüngerinnen und Töchter des Vaters im Himmel. Und so blieb es auch, als sie später in Kapernaum miteinander lebten. So werden wir es festhalten.

Doch das Allerwichtigste müssten wir zum Schluss erzählen: Sie sind bei ihm geblieben! Mirjam und Salome und die Mutter von Jakobus und Johannes sind nicht geflohen, als Jesus seinen bitteren Weg zur Richtstätte antrat. Wie haben sie das aushalten können? O, wir verstehen nur zu gut, warum die Jünger entwichen. Der bewaffnete Trupp hätte sie sofort ebenso verhaftet wie den Lehrer. Elf Kreuze mehr hätten auf dem Galgenberg gestanden. Sie retteten sich. Aber die Frauen blieben. Sie konnten nichts anderes tun, als hinzusehen, wie er starb. Aber das taten sie. Und sie merkten sich den Ort des Grabes. Und gingen dorthin. Wenn es uns je gelingt, alles aufzuschreiben, dann müssen wir das ans Ende setzen.

5. Nur ein Sklave

Sie nennen mich **Grecos**. Der Grieche halt, der Sklave, der Hauslehrer für die Kinder. Es geht mir so wie Tausenden von uns, die irgendwann in wirren Kriegszeiten in die Sklaverei gerieten. Wer gebildet ist wie ich, kann das Glück haben, als Pädagoge in einem großen Haushalt seinen Platz zu finden. Ich bringe den Knaben bei, was ich selber gelernt habe: Lesen und Schreiben, Rechnen und Geometrie, manchmal musizieren wir. Ich erzähle von anderen Ländern und den Sitten anderer Völker. Es sind nette Kinder, ich mag sie. Und sie lernen gern.

Unser Hausvater Titus war römischer Zenturio. Nach seinen Dienstjahren in der Italischen Kohorte hat er sich in Damaskus niedergelassen. Er führt einen großen Haushalt mit Sklaven und Sklavinnen, normal für einen Senior in seiner Position. Und doch ist etwas besonders: Er und sein Haus dienen dem Kyrios Jesus. Das heißt, auch ich bin Christ geworden, als die Familie sich taufen ließ. Wir sind zum Katechumenat gegangen und haben gelernt, was es bedeutet, zur Ekklesia Gottes zu gehören. Es war für mich nicht schwer, mich von den vielen Gottheiten des griechischen Pantheons abzuwenden. Jeder ernsthaft suchende Mensch weiß, dass sie nur Symbole sind für den einen göttlichen Geist, der die Welt durchwaltet. Die Juden nennen ihn den Ewigen und rufen ihn als Vater an. Sie richten sich nach sittlichen Geboten, die bei ihnen seit den Zeiten der Ahnen überliefert werden. Das zog schon immer Menschen an, die ihr Leben nach festen Regeln ausrichten wollten. Was abschreckte, war ihre Zurückhaltung gegenüber uns Übrigen. Die Kluft zwischen Rein und Unrein. Das gibt es bei uns Christen nicht. Wer den gnädigen Gott anruft, kann errettet werden. Wer auf den Namen Jesu getauft wird, tritt ein in ein neues Leben im Herrschaftsbereich des Herrn Jesus. Oder anders gesagt: Er wird ein Teil der Familie der Glaubenden.

Auch in unserem Haus trifft sich eine kleine Gemeinde zum Gottesdienst und zur Tischgemeinschaft. Hier kommen überwiegend Römer und Griechen zusammen, auch andere Sklaven und Sklavinnen außer mir. Die arbeiten schwer als Handlanger im Baugewerbe, als Gehilfen in Werkstätten. Ihr Arbeitstag ist lang und mühevoll. Eine Freigelassene hat eine kleine Garküche aufgemacht. Dort können sich all jene, die keinen eigenen Herd in ihrer Mietwohnung haben, einfache Gerichte kaufen. Auch sie schuftet hart von früh bis spät. Für uns bedeutet es viel, in der Gemeinde als vollwertige Menschen angesehen zu werden. ‚Hier ist nicht Jude noch Grieche, hier ist nicht Sklave noch Freier, hier ist nicht Mann noch Frau; denn ihr seid allesamt einer in Christus', so hat es der Apostel ausgedrückt. Das gibt uns Menschenwürde und einen Platz, den wir in der Gesellschaft nicht haben.

Woher stammt dieser Geist der Freiheit in der Ekklesia? Letztlich muss er auf Jesus zurückgehen, auf seine Auslegung der Heiligen Schriften seines Volkes und auf seinen Umgang mit den Menschen, seine Sicht auf sie als Geschöpfe Gottes und Kinder eines liebenden Vaters, auf sein Zusammenleben mit Fischern und Bäuerinnen in den Dörfern Galiläas. Doch sehr bald trugen ja Paulus und die Männer und Frauen, die mit ihm zusammen arbeiteten, die Gute Nachricht in die syrischen und griechischen Städte. Das war eine ganz andere Welt mit anderen Regeln und Ordnungen. In diesen Gemeinden hörten die Glaubenden nun die Stimme Jesu neu. Er gab ihnen Weisungen für ihre Fragen und Probleme.

Es geht also auch weiterhin darum, neue Worte für die eine Wahrheit zu finden. Nur so kann ja der Glaube lebendig bleiben. Nur so können immer neue Menschen ihn als Kraft für ihr Dasein entdecken und zu uns finden.

Wenn wir bei unseren Zusammenkünften am Abend des ersten Wochentages beten, dann darf das jeder und jede in der eigenen Muttersprache tun. Einmal machte die Abschrift eines Brieffragmentes des Apostels Paulus die Runde in den Hausgemeinden. Diese Abschrift war natürlich in griechischer Sprache abgefasst. Ich durfte sie vorlesen und übersetzen. Es ging darin um die Begabungen, die wir in die Gemeinschaft einbringen sollen. Titus hat angekündigt, dass wir uns darüber austauschen wollen. Ich bin gespannt, was Julia dann beitragen wird. Denn seit sie Christin ist, bemüht sie sich darum, den Spielraum an Eigenständigkeit über das hinaus zu erweitern, was ihr als römischer Matrone zugestanden wird.

Matthias hat mich zu den Treffen in seinem Geschäft eingeladen. Ich soll helfen, an der Sammlung der Schriften weiterzuarbeiten, die bisher zusammengetragen worden sind. Doch was soll schließlich daraus werden? Eine Geschichte des Jesus von Nazareth? Und wozu brauchen sie mich? Sie haben schon einen Schreiber. Melitta ist voller Ideen, was unbedingt aufgenommen werden sollte. Matthias hat eine so genaue Kenntnis von den Traditionen des jüdischen Volkes. Was könnte ich beitragen? Meine Gedanken über die eine Wahrheit in neuen Worten? Eine Frage werde ich allerdings eines Tages stellen: Wie sprechen wir von Jesus, damit alle verstehen, wer er war? Wenn Matthias ihn den Messias nennt, dann schwebt ihm ein Gesandter seines Gottes an sein Volk vor. Vielleicht auch einer, der es führt und regiert, wie ein Herrscher. Doch wie hört Titus diesen Titel? Und meine ich das Gleiche, wenn ich zum Kyrios bete? Wenn Paulus uns noch einmal besuchen würde, könnten wir solche Fragen mit ihm diskutieren! Sein Anliegen war es doch, allen vor Augen zu stellen, was er hier in Damaskus sah: den Gekreuzigten und Auferstandenen als Herrn des Himmels und der Erde. Ob Paulus noch lebt?

6. Vom Leben im Glauben und von den Stolpersteinen auf Erden

Mein Name ist **Jochanan**. Ich halte mich zu der Gemeinde in der Geraden Straße. Dort fand Paulus Zuflucht, als sein Leben auf den Kopf gestellt wurde. Als der Messias selbst ihn zum Apostel für die Völker berief. Der Karawanenführer hatte den Erblindeten ins Haus des Judas gebracht, wo er in Fasten und Gebet zu verstehen versuchte, was ihm geschehen war. Judas lebt nicht mehr. Doch auch seine Nachkommen fassten Vertrauen zu der Botschaft vom Heil im Namen Jesu, für die der große Apostel seitdem so unermüdlich unterwegs war. Sein Andenken ehren wir. Und wir beten für ihn und das, was er als seine

Lebensaufgabe verstand: die Verkündigung des Heilandes unter den Völkern.

In unserer Versammlung sind wir in der Mehrzahl Männer und Frauen aus dem Volk Israel. Und daran halten wir fest: Unter uns begann der Glaube an ihn, die Gewissheit: Dieser ist Gottes Auserwählter in der letzten Zeit der Welt. Ja, sehr bald hörten auch Menschen aus den Völkern die Gute Nachricht von der Liebe Gottes, die allen gilt. Auch sie ließen sich taufen, auch sie wurden erfüllt vom Geist und seinen wunderbaren Gaben. Alle zusammen gehören wir zu der einen Kirche des Herrn in dieser Stadt. Und sie, Syrer und Ägypter, Griechen und Römische Bürger, freuen sich über den offenen Weg zum Heil.

Von Anfang an gab es viele Fragen zum Zusammenleben im Alltag. Gewiss, wir hörten davon, was der Apostel Paulus an die von ihm gegründeten Gemeinden schrieb: Auch für die Gläubigen aus den Völkern sollten die Gebote gelten, die im moralischen Bereich das Leben der Menschen untereinander regeln.

Doch die Speisegesetze haben für sie ihre Bedeutung verloren. Ebenso wie die Sitte der Beschneidung. Aber wie halten wir es mit dem Sabbat, mit dem Fasten und den Reinigungsvorschriften? Wie mochte es der Rabbi aus Nazareth damit gehalten haben? Wie sein Schülerkreis am See Genezareth?

Und dann erfuhren wir von den Geschichten über ihn und über die Seinen in Galiläa. Von den Gesprächen mit anderen Auslegern der Weisungen Gottes. Von seinen Besuchen in den Synagogen von Nazareth und Kapernaum und von seinen bilderreichen Erzählungen vom Reich Gottes. ‚Wenn der Ewige seine Herrschaft aufrichtet auf der Erde, dann wird es sein wie beim Festmahl eines Königs.‘ Das schien anzuknüpfen an die Art und Weise, wie unsere Propheten von Gott und seiner Zuwendung zu den Menschen gesprochen haben. Deren Worte kannten wir aus den Lesungen im Gottesdienst. Denn auch wir Juden in all den Städten von Babylon bis Alexandria, von Antiochia bis Rom sind ja in unseren Synagogen an jedem Sabbat dem Heiligen Wort Gottes begegnet. Seit die siebzig weisen Rabbinen es ins Griechische übersetzt haben, war es der gesamten griechisch-sprachigen Welt bekannt.

Und nun sind einige der kostbaren Worte Jesu bei uns. Wir können sie studieren und mit unseren Fragen vergleichen. Sie können uns Hinweise geben für unseren Weg im Alltag in der Welt, bis unser Herr kommt und der neue Äon anbricht.

Matthias hat mich zu dem Kreis hinzugezogen, der die Abschriften studiert. Er weiß, dass ich mich noch immer strenger an die Weisungen für ein frommes Leben halte, als es in vielen Haushalten in einer Stadt fern vom Land unserer Voreltern üblich ist. In unserem Haus werden die Speisevorschriften eingehalten. Ich faste zu gewissen Zeiten. Natürlich sind alle Männer unserer Familie beschnitten. Matthias und seine Frau haben sich für ihren Haushalt eine freiere Lebensführung angewöhnt. Sie müssen Handelspartner bewirten und werden zu Gastmählern eingeladen. Ihre Nachbarn sind Geschäftsleute, die von alters her hier aus Syrien stammen. Menschen wie er waren einst die Brücke zwischen dem Rabbi aus Galiläa, der Guten Nachricht von ihm, und den Suchenden aus den Völkern. Nun werden sie es auch für die weitere Überlieferung seiner Worte sein.

Doch Matthias sucht Hilfe dafür, diese Erzählungen in der Geschichte unseres Volkes und in unseren Heiligen Schriften zu verankern. Jesus hatte gelernt, diese zu lesen. Er konnte sie beim Gottesdienst im Gebetshaus rezitieren. Er hat die Psalmen gebetet. Wo finden sich Spuren davon in dem, was seine Jünger weitergegeben haben?

Dabei ist wohl eine unserer brennendsten Fragen: Warum endete Jesu Leben am Kreuz? Hat Gott ihn im Stich gelassen? Gab es keinen anderen Weg als Leiden und Tod? Rebecca hat uns berichtet, dass sich die Jüngerschar das von Anfang an gefragt hat. Und dann machte sie die Erfahrung der Auferstehung: Jesus lebt. Gott hat ihn aufgenommen in seine ewige Herrlichkeit.

Aber die Fragen ließen sie nicht los: Wieso konnten Kritiker im eigenen Volk ihn verklagen? Warum durfte ein ungläubiger Machthaber ihn verurteilen? Darauf brauchen wir eine Antwort. Liegt auch sie in den Schriften der Propheten und in den Klagen der Psalmen verborgen?

Tief in mir habe ich einen Wunsch: Ich würde gern ins Gespräch kommen mit Brüdern aus einer unserer Synagogen. Früher hat es das gegeben. Den Apostel Paulus freilich haben sie abgelehnt. Seine abrupte Kehrtwendung stieß sie vor den Kopf, und sein brennender Eifer ließ die Tür zufallen. Doch der besonnene Hananias war immer noch im Gespräch mit den früheren Glaubensgenossen. Könnte ich doch da anknüpfen und fragen: Wartet nicht ganz Israel auf den versprochenen Retter? Haben nicht die Propheten einen Gottesknecht kommen sehen, der das Wort des Ewigen vollmächtig in die Welt trägt? Gibt es nicht die wunderbare Zusage: ‚Die Völker werden kommen und nach den Weisungen des Höchsten fragen?'

Ich liebe den Messias Jesus von ganzem Herzen. Aber mir tut es weh, wie mein Volk sich gegen ihn sträubt.

Bei unseren Treffen behalte ich solche Wünsche für mich. Wenn wir uns bei Matthias im Obergemach versammeln, brauchen wir die kurze Abendstunde für unsere Arbeit. Beim Schein einer Öllampe liest Nathanael vor, was er notiert hat. Wir tauschen uns aus: Könnte es sich so zugetragen haben? Stimmt es überein mit den Worten auf den Papyri aus Galiläa? Manchmal beginnen dann lange Gespräche. Denn jeder und jede denkt an andere Leser unserer Schrift, möchte gerade sie erreichen mit einer Erzählung oder einem Gleichnis. Die Frauen suchen nach Stärkung für das Leben in den Familien und in der Nachbarschaft. Titus und Grecos sehen die weite Welt des Römischen Reiches vor sich. Doch wird unser Werk je den Weg über unseren Lebenskreis hinaus finden?

7. Randbetrachtungen

Mein Name ist **Titus**. Ja, wie unser berühmter Feldherr. Ich freilich war nur ein Offizier im großen Heer unseres Römischen Imperiums. Und ich bin auch nicht besonders gebildet, dafür war nie Zeit in meinen Dienstjahren als Soldat. Julia und ich sind froh, dass wir in Grecos einen guten Hauslehrer für die Kinder gefunden haben. Aber auch ich mache mir natürlich meine Gedanken. Als Veteran habe ich nun die Muße dafür. Sie hätten gern, dass ich mich mehr in der Gemeinde engagiere. Aber dazu ist mir vieles noch zu unklar. Zunächst war es ja auch Julia, die sich für den Glauben an den jüdischen Messias interessierte. Ihr zuliebe habe auch ich später beim Unterricht zugehört und schließlich der Taufe zugestimmt. Allerdings bin ich zurückhaltend gegenüber den ‚Geisterfüllten' in anderen Hausgemeinden. Die können aus vollem Herzen singen und beten. Sie blicken mit Verehrung auf alle, die heilen oder prophezeien können. Ich könnte allenfalls die Kasse für die Armenspeisung verwalten oder bei Streitfällen schlichten.

Im Grunde wundere ich mich noch immer, dass wir nun mit jüdischen Menschen in so enger Gemeinschaft zusammengehören. Während meiner aktiven Zeit als Soldat hatte ich natürlich ein anderes Verhältnis zu ihnen. Wer zur Italischen Kohorte nach Syrien versetzt wurde, der wusste: Dir stehen unruhige Zeiten bevor! Wir Soldaten sollen den Römischen Frieden im ganzen riesigen Weltreich sichern. Andere Völker lassen es sich gefallen. Sie sehen die Vorteile einer einheitlichen Herrschaft über ein befriedetes Imperium: Kleinkriege zwischen Staaten haben abgenommen. Das Straßennetz ist von unseren Soldaten ausgebaut worden. Die großen Handelsrouten sind sicherer geworden, Handel und Gewerbe blühen. Überall kann man sich auf Griechisch verständigen. Doch im jüdischen Volk drohen dauernd Unruhen. Selbsternannte Propheten rufen auf zum Freiheitskampf. Die Rebellen in den Höhlen am Arbel stiften Unsicherheit durch ihre Überfälle. Man ist nicht gut angesehen als Römer in jenem Bezirk der Provinz! Und dazu kommt noch diese Abgeschlossenheit der Juden von allen übrigen Völkern! Wir leben ‚unrein', weil wir manches essen, was ihnen verboten ist! Sie betreten unsere Häuser nicht. Jedenfalls war es so in Judäa und Galiläa. Hier in der großen Handelsstadt sind die Menschen selbstverständlich aufgeschlossener. Denn hier gibt es Syrer und Aramäer,

Griechen und Juden. Hier können auch wir leben als Bürger unter Bürgern. Julia behauptet: In solchen Metropolen wie Damaskus und Antiochia sei deshalb auch zuerst außerhalb des jüdischen Landesteiles der Provinz Syrien die Botschaft von Jesus verkündet worden. Und es seien Griechisch sprechende Juden gewesen, die zuerst verstanden hätten: Dieser Wanderlehrer aus Galiläa hatte einen Auftrag über die Grenzen hinweg. Er brachte Heil von Gott, das allen Menschen gilt. Hat dieser Paulus etwas damit zu tun, von dem sie im Haus des Matthias immer wieder einmal reden?

Ich werde Grecos fragen. Er erzählte mir von den Schriften über Jesus, die sie studieren. Sie haben auch schon in der Versammlung daraus vorgelesen. Und das muss ich zugeben: Der Bericht über das Leiden und Sterben Jesu hat mich tief ergriffen. Welch geschicktes Zusammenspiel der Priester am Tempel in Jerusalem mit unserem Statthalter! Diese Vertreter der alten Eliten waren so erbost über die kritischen Angriffe des Nazareners auf den Tempel, dass sie ihn aus dem Weg räumen wollten. Und weil solche Religionsfragen den Prokurator natürlich nicht interessierten, mussten sie politische Verdächtigungen auffahren. Er habe gesagt, er sei der ‚König der Juden' – da konnte doch Pilatus nicht anders handeln, als ihn wegen Rebellion zu verurteilen! Und dann haben ihn auch noch seine Schüler im Stich gelassen! Fühlten sie sich ohnmächtig gegenüber der bewaffneten Tempelgarde? Oder zweifelten sie an der Sendung ihres Lehrers bei diesem Widerstand aus dem eigenen Volk? Welch hartes Urteil und welch bitteres Sterben! War das die Antwort auf seine Botschaft von einem gerechten und liebevollen Gott? Doch warum hat dieser den Tod seines Gesandten zugelassen?

Jochanan sagt: So erging es auch anderen Propheten in seinem Volk, die zur Umkehr riefen. Ihre Mahnungen wurden nicht beachtet. Manchmal wurden sie sogar angegriffen und verjagt. Spätere Überlieferer ihrer Worte denken: Wenn solche Gerechten geduldig ihr Leiden ertragen bis zum Ende, dann erlässt Gott um ihretwillen sogar die Schuld anderer. Kann man es so verstehen? Und schließlich frage ich mich: Hat Jesus selber gesehen, wie gefährdet sein Leben war?

Sie erzählen auch: Als er dort am Schandholz starb, wachte an der Hinrichtungsstätte natürlich eine Mannschaft von Legionären. Deren Zenturio scheint ein besonderer Mann gewesen zu sein. Denn angeblich hatte der auf einmal eine Erkenntnis, und er begriff: Der da war Gottes Sohn! Ist das denkbar? Einer von uns? Ich muss mich wohl mehr für diese Erzählungen interessieren. Vielleicht löst sich dann der Nebel, der meine Gedanken in dieser Hinsicht noch umfängt.

8. Ein Rabbi aus Galiläa

Ich bin **Matthias** und finde, Jochanan hat Recht. Für uns Gemeindeglieder aus dem Volk Israel ist es wichtig zu wissen, wie Jesus zu Gottes guten Geboten für unser Volk stand. Deshalb müssen wir die Lehrgespräche aufbewahren, die er mit anderen Auslegern der Heiligen Schriften führte. Sie haben ihn ja befragt: ‚Rabbi, welches ist das wichtigste der Gebote, die unser Lehrer Mose vom Ewigen empfing?' Und er hat sich zu Israels grundlegendem Glaubenssatz bekannt: ‚Höre Israel, der Ewige, unser Gott, ist einzig. Und du sollst ihn lieben von ganzem Herzen und Willen und mit all deinen Kräften und den

Menschen neben dir wie dich selbst.' Damit ist klar, dass für ihn genau so galt: Du wirst nicht töten! Du wirst nicht lügen und betrügen! Du wirst keine Ehe zerstören. Ja, der Lehrer aus Nazareth war ein frommer Sohn seines Volkes.

Aber da sind eben auch jene Berichte von der Auseinandersetzung über den Sabbat. Jochanan fragt mich: Matthias, warum hat er den Verkrüppelten am Feiertag geheilt? Er musste doch wissen, dass das als Verstoß gegen das Verbot der Arbeit am siebenten Wochentag gelten konnte. Und ich überlege: Über das richtige Verständnis des Gesetzes hat es unter den Lehrern in unserem Volk immer Gespräche gegeben. Viele Vorschriften der Thora sind im Laufe der Zeit neu ausgelegt oder weiter ausgeführt worden. So war bei der Frage der Sabbatruhe auch der große Rabbi Hillel der Meinung: Die Not wiegt schwerer als die strenge Einhaltung des Feiertages – kein Kranker soll länger als irgend nötig auf Hilfe warten müssen. Wie er stellte Jesus also das Gebot des Erbarmens mit dem Leidenden über die Sabbatruhe. Und schließlich war er dabei ja in der Synagoge zum Beten und Hören auf die Heilige Schrift, nicht wahr? Ja, das muss Jochanan einräumen. Aber gleich bohrt er weiter: Und was wird aus den Vorschriften, die ein rechtschaffenes Leben regeln, mit Fasten und Reinigungsriten, mit Almosen und Gelübden? Ich überlege: Steht dazu etwas in den Schriften aus Galiläa? Weitererzählt haben sie jedenfalls eher das Gegenteil: In Levis Zollhaus feiert der Jüngerkreis mit Zolleinnehmern und Schankmädchen. Wer mag da ans Händewaschen gedacht haben? Wer immer ihn einlädt, den besucht Jesus; das hört sich nicht nach Fasten an. Lasst uns diese Zeit des Heils begehen wie ein wunderbares Fest! Ja, aber ein Fest, das er mitten in seinem Volk Israel feiern wollte.

Denn eines steht fest: Es ging Jesus bei seinem Ruf zur Umkehr auf einen neuen Weg immer um Gottes Volk. Doch damit verband er seine besondere Botschaft: Alle gehören dazu, auch die Kranken und die Armen und die unwissenden Kinder. Lasst uns die Verirrten suchen! Macht die Tür zum Festsaal auf für die Bettler und Krüppel. Da knüpft er doch an bei jenem Propheten der Trostworte für das geschlagene Volk: ‚Nun geschieht es – Blinde sehen, Lahme gehen, Gefangene werden frei, Misshandelte stehen aufrecht, Gott selbst kommt und erlöst sein Volk!‘

Ja, dieses Licht muss auf Jesus fallen: Er war ein Lehrer in Israel, vollmächtig in Worten und Taten. Und gerade die frommen Pharisäer suchten den Austausch mit ihm: ‚Rabbi Jesus, wie stellst du dir das vor mit der Auferstehung der Toten einst am großen Gerichtstag des Weltenherrschers? Denk dir zum Beispiel einen Mann, er war dreimal verheiratet. Wenn er nun all diese Ehefrauen in der Ewigkeit wiedertrifft, mit welcher ist er dann verheiratet?‘ – ‚Was habt ihr für Sorgen! Was habt ihr für eine Vorstellung von der himmlischen Herrlichkeit! Da gibt’s keine Ehen mehr, kein Schuften und Handeln wie hier auf der Erde. Da sind wir wie Gottes Engel in Lichtglanz und Freude!‘

Ich denke, sie haben gemerkt: Er war ihnen näher als jene reichen Städter in Jerusalem, die eifrig das römische Leben nachahmten. Die waren es doch, die allenfalls die Gesetze des Mose gelten ließen. Die Stimmen der Propheten und die Regeln aus Jahrhunderten der Tradition aber ließen sie beiseite – und gingen im Übrigen ihrer modernen Wege. Jesus jedoch kannte sich aus mit den Stimmen des Glaubens aus der Vergangenheit und konnte sie zugleich neu zur Sprache bringen.

Das darf nicht vergessen werden. Denn auch darauf hat mich Jochanan aufmerksam gemacht: Die jüdischen Einwohner unserer Stadt beobachten uns misstrauisch. Für sie haben wir uns viel zu sehr auf die Gemeinschaft mit den ‚Ungläubigen' eingelassen. Sie vermuten, wir hätten die Treue zum Gott unserer Vorfahren aufgekündigt, nachdem wir uns zu Jesus bekannten.

So frage auch ich mich: Könnten wir wieder Kontakte knüpfen zwischen unseren Leuten und Vertretern der Synagogen, wie Paulus sie überall zuerst aufzunehmen versuchte? Wo soll denn der Weg des Misstrauens hinführen? Können wir ihn aufhalten?

9. Er kam in seine Stadt

***Rebecca** erinnert sich*

So jung ich damals war – ich habe wahrgenommen, dass wir zusammenhielten wie eine Familie! Jesu Geist war in unserer Mitte. Die ihn noch gekannt hatten, lebten von seinen Worten wie vom täglichen Brot. Sie wiederholten sich die Geschichten, als seien sie gestern geschehen. Rahel schärfte mir ein: Rebecca, nimm es auf in dein Herz: ‚Mit Gottes Reich verhält es sich wie mit einem winzigen Senfkorn, das ein Bauer in sein Land senkt. Von selber keimt es und wächst auf zu einer mächtigen Staude.' So hat er es versprochen, so wird es sein. Und wir sahen diesen Acker vor uns. Wir waren noch immer mit Jesus unterwegs am See. Wir kannten das Haus, in dem er dem Gelähmten Vergebung und Heilung zusprach. Ehrfürchtig versammelten wir uns in der Morgenfrühe in jener Bucht am Ufer, wo er den Brüderpaaren als der Auferstandene erschienen war. Immer wieder zitierte jemand auch die grundlegenden Worte seiner Verkündigung: ‚Gottes Herrschaft auf dieser Erde beginnt schon jetzt. Mitten unter uns breitet sich sein Reich des Friedens und der Gerechtigkeit aus. Verlasst eure alten Wege voller Angst und Schuld! Ergreift das Heil, das der barmherzige Vater euch anbietet.' Das alles floss ein in unsere Erinnerungen.

Nun leben wir hier in der Stadt, die geprägt ist von Handel und Gewerbe. Hier herrschen römische Sitten und griechische Kultur. In jedem größeren Haushalt gibt es den Hausherren mit seiner Familie und Sklaven und Sklavinnen. Der Apostel Paulus hat das wunderbare alte Taufbekenntnis aufgeschrieben: ‚Hier sind nicht Freie noch Sklaven, hier gilt nicht jüdisch noch griechisch, nicht männlich noch weiblich'. Meint es dasselbe wie Jesu Wort: ‚Ihr seid meine Brüder und Schwestern'? Dann müssen wir das mitten in unsere Aufzeichnung setzen. Damit etwas erhalten bleibt von der Gleichwertigkeit und Freiheit, die er uns gebracht hat.

Julia freilich runzelt die Stirn, wenn wir im Gottesdienst jene Geschichte vorlesen. ‚In Simons Fischerhütte hatten sich viele um Jesus geschart. Und er sprach zu ihnen. Da riefen welche von draußen: Deine Mutter und deine Geschwister sind hier. Komm heraus zu ihnen. – Meine Mutter? Meine Geschwister? Das seid doch ihr, die ihr tut, was Gott will.'

Warum hat er sie so abgewiesen?, fragt Julia. Die Mutter hat ihn geboren, die Geschwister haben ihn geliebt. Sie machten sich Sorgen um ihn. Denn er erregte doch auch Unwillen und Unverständnis. Sicher wollten sie ihn schützen. – Mag sein, aber die Berufung war wichtiger. Und dass gerade jetzt Menschen die Botschaft hörten und aufnahmen und mitzogen auf dem Weg oder mittrugen an der Last. – Ich möchte meine Familie dabeihaben, murmelt Julia. Ich auch, bestätige ich ihr, aber für mich seid nun ihr die Geschwister, die ich in Galiläa verlassen habe. Da nimmt sie mich in den Arm.

Da ist sie also auch hier, die Gemeinschaft der Glaubenden. Am ehesten spüre ich sie, wenn wir im Haus des Matthias miteinander das Brot brechen. Dank sei den Geschwistern in Jerusalem, die die Erinnerung an jene letzte Mahlzeit der Schülerschar mit dem Rabbi aufbewahrten. ‚An dem Abend, als er ausgeliefert wurde, nahm er das Brot, dankte und brach es und teilte es aus, danach nahm er den Weinkelch, segnete ihn und reichte ihn weiter.' So tun auch wir es und erinnern uns an ihn, und er ist mitten unter uns.

Wenn ich mit Melitta und Julia über unsere galiläischen Mütter im Glauben spreche, dann bewegt uns, wie fest sie auf Jesus vertrauten. Oder: wie sie einstimmen konnten in Jesu Vertrauen auf den Leben schaffenden, heilenden, barmherzigen Gott. Wenn du mich berührst, kann ich aufstehen und da sein für Gott und die Menschen. ‚Dienen' nennt Paulus all die Arbeit, die Verkündiger und Lehrerinnen, Heiler und Prophetinnen in unseren Gemeinden tun. Ich denke: So haben auch Mirjam und Martha, Salome und all die anderen frühen Nachfolgerinnen zu ihrer Zeit gedient.

Das werden wir weitergeben, damit uns der Mut nicht sinkt in den so anderen Verhältnissen, in denen wir leben. Denn in unseren Hausgemeinden gibt es viele Arme, aber nur wenige Wohlhabende und Einflussreiche. Da sind Handwerker und Lohnarbeiterinnen. Da trifft der freie Hausvater auf die Sklavin, die er sonst nie beachtet. Nun sitzt sie als ‚Schwester' am gleichen Tisch. Was heißt da ‚dienen', was sind wir für ein ‚Familie'?

Wir Weberinnen in Melittas Werkstatt haben uns an ein Wort Jesu erinnert, das Judith besonders liebte: ‚Was ihr in meinem Namen irgendeinem Kinde Gutes tut, das habt ihr für mich getan.' Also laden wir einmal in der Woche Kinder aus armen Familien in den Hof hinter der Werkstatt ein. Melitta hat dann auf dem Markt ein Säckchen Gerste eingekauft, eine von uns hat die Körner daheim mit der Handmühle gemahlen. Eine andere kocht nun einen dicken Brei, während wir übrigen ihr Pensum am Webstuhl übernehmen. Manchmal spendiert uns eine der Marktfrauen ein wenig Gemüse oder würzige Kräuter. Die Kinder strahlen, wenn sie sich um den heißen Kessel hocken und ihre Löffel in das dampfende Essen tauchen! Zuhause reicht es oft nur für einen trockenen Fladen mit ein paar Tropfen Öl. Ja, auch bei uns ist es nur wenig – Brei für diesen einen Tag. Doch ehe die Kinder heimkehren, umarmen wir sie herzlich, und Melitta legt ihnen die Hände auf: Geht in Frieden, auch mit euch ist Jesus, unser Herr.

10. Von Fischen und Früchten

Ich bin **Melitta**. Heute habe ich die Arbeit am Webstuhl unterbrochen für einen Gang auf den Markt. Ich brauchte Gerste für unsere täglichen Fladen und rote Linsen für nahrhafte Suppe. Frische Lauchzwiebeln und Blattgemüse lockten zum Kauf. Ein paar Eier und getrocknete Feigen habe ich uns gegönnt. Die Kinder werden begeistert sein über die seltene Süßigkeit! Schließlich war es so viel, dass ich einer alten Frau noch einen geflochtenen Korb mit einem kunstvollen Muster abkaufte! Einige Stände weiter feilschte eine Nachbarin um gedörrten Fisch. Ob er im See Genezareth gefangen und in Magdala geräuchert wurde? Bei den zahllosen Handelswaren, die Damaskus täglich erreichen, ist manches möglich!

Wenn ich koche, denke ich manchmal an die Geschichte von der Frau aus Thyros. Am liebsten würde ich sie weiterschreiben: ‚Als aber ihre Tochter gesund geworden war, lud sie voller Freude Jesus und den Schülerkreis ein in ihr Haus. Sie stellte eine Schüssel voller gebratener Fische auf den Tisch. Und niemand wagte zu fragen: Ist etwa auch unreines Meeresgetier dabei? Nein, sie griffen alle herzhaft zu und wurden satt und dankten Gott für seine guten Gaben.' Jochanan allerdings würde einwenden: Jesus hätte nicht einmal das Haus der Syrerin betreten. Erst in den Gemeinden von Christen aus Israel und den Völkern wurde es möglich, miteinander Tischgemeinschaft zu halten.

Das mag sein. Doch Julia würde meinem Einfall begeistert zustimmen. Denn es sind eben wir Frauen, an denen die Mühe mit dem Essen hängen bleibt. Brot und Wein sind in Ordnung, auch wenn jüdische Geschwister mit am Tisch sitzen, die sich weiterhin an die Speisegebote halten. Aber wenn wir nach der Gebetsversammlung noch beieinander bleiben und eine vollständige Mahlzeit essen wollen, dann fangen die Probleme an. Stelle ich lieber nur eine Gemüsesuppe und Früchte auf den Tisch? Wage ich ein Fleischgericht, ohne sicher zu sein, ob es genau den Vorschriften entspricht? Mir tut es weh, wenn jemand das zurückweist, was ich mit Liebe und Sorgfalt zubereitet habe. Und ich frage mich: Kann wirklich etwas ‚unrein' sein, was Gott doch geschaffen hat oder was auf seiner Erde wächst? Ich höre Jesus antworten: ‚Nichts macht euch unrein, was ihr in den Mund hinein steckt. Der Schmutz klebt an hässlichen Gedanken, die ihr zulasst, an gemeinen Worten, mit denen Menschen einander verletzen.'

In den Gemeinden in Korinth scheint ja sogar einmal handfester Streit um Essensfragen ausgebrochen zu sein. Da ging es allerdings um das Fleisch, das von den Tempeln auf die Märkte gelangt. Wenn es von einem Opfertier stammt, dann wurde es erst einmal Apollo oder Artemis geweiht. Darf nun ich die Reste preiswert einkaufen und ohne Skrupel in eine nahrhafte Suppe schneiden? ‚Die Götter sind entthront für mich, nichts zieht mich mehr in ihren Bann', so triumphierten die einen. 'Das erlaubt mir mein Gewissen nicht', so argumentierten die anderen. ‚Iss, du Glaubensstarker, was du willst', entscheidet der Seelsorger Paulus, ‚aber verlange nicht von der gewissenhafteren Schwester, dass sie über ihren Schatten springt und dabei zu Fall kommt.' Der große Theologe musste sich den Kopf zerbrechen über Küchenfragen! Doch solche Regeln helfen uns, wenn wir einander zu Tisch bitten. Auch, wenn wir wünschen, dass Jesus uns dazu befreit, in voller Gemeinschaft alles zu teilen, was Feld und Wald uns bescheren.

Eine andere Frage, die ich Jesus gern stellen würde, betrifft die Ehescheidungen. In meiner Werkstatt arbeiten junge Mädchen und Witwen, Ehefrauen und auch eine geschiedene Frau. Es war das übliche Schicksal – sie bekam keine Kinder, da legte der Mann den Scheidebrief auf den Tisch. Ihre Mitgift erhielt sie zurückgezahlt. Doch ihr Leben war zerstört. Darf sie nun mit einem anderen

Mann einen neuen Anfang versuchen? Darüber streiten sich die Schriftausleger. Die einen sagen: Der Scheidebrief macht frei, gerade dazu dient er ja nach unseren Rechtssätzen. Strengere Gelehrte halten dagegen: Schon Adam und Eva wurden nach Gottes Willen zur neuen Einheit zusammengefügt, die nichts zertrennt. Wer sich verheiratet, bleibt gebunden bis zum Tod, selbst nach einer Scheidung. Wo stand der Rabbi Jesus im Streit dieser Meinungen? Wen wollte er schützen und mit welcher Lehrmeinung?

Aus Korinth hörten wir, dass manche dort die Ehe ganz ablehnten. In der kurzen Zeit, die bis zum Ende dieses Äons noch bleibt, sollte all ihre Kraft der Verkündigung der Guten Nachricht dienen! Von Wanderpredigern und Wüstenheiligen weiß man ja, dass sie solche Ungebundenheit der Familie vorziehen. Doch in der großen Hafenstadt Korinth scheinen sogar junge Mädchen von Herd und Wiege wenig gehalten zu haben. Sie blieben aber wohl eher die Ausnahme, auch wenn Paulus sie bestärkte.

Rebecca schildert uns die Frauengemeinschaft in Simons Haus in Kapernaum in bunten Farben. Da halfen sich Witwen und Alleinstehende, Junge und Alte in der Sorge ums tägliche Brot. Auch das geht mir nicht aus dem Kopf. Ich frage mich: Wie viel Freiraum gibt es für Frauen in unseren Gemeinden hier in den Städten mit ihrem römischen Recht? Wie viel Selbständigkeit können die Brüder bei uns ertragen, die sonst überall das Sagen haben? Wie bringen wir uns immer wieder ein mit unseren besonderen Gaben und Fähigkeiten? Vielleicht sollten wir uns einmal bei einem leckeren Früchtekuchen zusammen hocken und über all das nachdenken.

11. Form und Sinn

Ich bin **Grecos**. Wenn ich meine Schüler zu den Sportstätten begleite, kommen wir an den Säulenstümpfen eines Tempels vorbei. Gewiss war es das Heiligtum einer alten syrischen Gottheit, die hier einst die Stadt und ihren König beschützte. Angeblich soll dieses Gotteshaus auf Anordnung des Kaisers wieder aufgebaut und Jupiter geweiht werden. Warum auch nicht? An Heiligen Stätten bleibt immer etwas zurück von den himmlischen Mächten und von all den Gebeten, die dort einst an sie gerichtet wurden. In der Erinnerung sehe ich dann den Tempel meiner fernen Heimat vor mir. Und gewiss werde ich den Kindern die Sage vom Krieg um Troja erzählen, in den sich unsere griechischen Gottheiten so kräftig einmischten. Diese Geschichten gehören einfach zum Wissen gebildeter Menschen. Und manchmal frage ich mich, wo sich in dieser großen Stadt wohl die Menschen versammeln, die den geheimen Kulten von Isis oder Demeter anhängen. Ihre Verehrung hat sich ja inzwischen in allen Ländern rund um das Römische Meer verbreitet. So erwarten von diesen machtvollen und zugleich mütterlichen Gottheiten viele Heil und Erlösung. Dazu zieht das Geheimnisvolle bei ihren Festen die Menschen magisch an. Ob Titus sich je für die Mysterien des Mithras interessiert hat, in die sich so viele Soldaten einweihen lassen?

Ich gebe solche Gedanken bald wieder auf. Denn je mehr ich mich in die Schriften vertiefe, desto mehr grüble ich nach über Jesus. Mich beschäftigt besonders die Art, in der er von der Gottheit gesprochen hat. Als Jude hat er wohl an ein väterliches Gegenüber gedacht. Doch wenn er davon redete, dann geschah das anscheinend meistens in kleinen Geschichten und Bildreden. ‘Bei Gott geht es zu wie bei einem Sämann, der Körner aufs Ackerland wirft. Geduldig wartet er ab, wie die Saat aufgeht, wächst und zur Reife gelangt.’ Welch gelassenes Vertrauen in die guten Mächte, die in unserem Leben walten!

Doch warum wählte er gerade diese Redeform? Erschien sie ihm angemessen für das göttliche Geheimnis, das wir so schwer mit unserem Verstand erfassen? Treffen Bilder eher unser Herz, so dass wir ahnen: Ach, so bist du am Werk in dieser Welt!

Offenbar erwartete Jesus eine umwälzende Veränderung der Verhältnisse auf dieser Erde. In seinem Volk erhofften sich Seher und Propheten ja immer wieder das kämpferische Eingreifen ihres Gottes zu Gunsten der Leidenden, vor allem in Zeiten der Fremdherrschaft und Unterdrückung. Gottes erwähltes Volk musste doch schließlich siegen und wieder frei sein. Doch Jesus meinte wohl eher eine umfassende Wandlung der Welt zu einem Reich des Friedens und der Gerechtigkeit für alle Menschen. Ihm ging es um die Armen, die hungern und die sich plagen, um ihre Sorge ums Brot für diesen Tag. Er wollte auch diese Letzten und Vergessenen mit dabei haben, wenn er sich den langen Tisch herbeisehnte, an dem die sitzen werden, die im neuen Goldenen Zeitalter aus allen Himmelsrichtungen zusammen kommen. Rebecca erinnert sich mit leuchtenden Augen an die Mahlzeiten der liebevollen Gemeinschaft in Simons Haus am See. Da reichten wenige Fladen und Fische für die Versammelten. Auch einen Bericht vom anstößigen Fest der Zöllner und Schankmädchen in Levis Haus hat sie mitgebracht. In seiner überschäumenden Begeisterung muss etwas aufgeleuchtet haben vom Freudenmahl in einer neuen Weltzeit. Das spiegelt sich in unseren Feiern der Danksagung, bei denen Freie und Sklaven nebeneinander sitzen. Wie könnte man so davon berichten, dass auch die Bedürftigsten verstehen: Selbst für uns ist bei Jesus der Tisch gedeckt? Haben die jüdischen Geschwister nicht eine Legende von der himmlischen Speisung bei ihrer Wanderung durch die Wüste? Auf deren Hintergrund sehe ich es richtig vor mir: ‚Eine große Menge war versammelt, um die Worte Jesu zu hören. Am Abend aber hungerte sie. Fladenbrot und Dörrfisch war da, wenig freilich für so viele. Doch Jesus nahm das Brot, sprach einen Dankespsalm und fing an, es zu teilen und weiterzureichen. So taten es alle. Sie dankten, sie teilten. Sie aßen, sie wurden satt. Alle, denn sie vertrauten darauf: Wenn Jesus es uns gibt, ist es genug für uns.'

Wer von uns Sagen von göttlichen Wundertätern kennt, wird dann in Jesus solch einen Boten aus der Höheren Welt erkennen. Wäre es falsch, sein Bild so zu erweitern für neue Hörer der Botschaft? Die ‚Geistbegabten' in den Hausgemeinden sehen ihn wohl sowieso als einen ‚Gottesmenschen' an. Sie fühlen sich ihm besonders nahe. Sie sind glücklich über ihre außergewöhnlichen Fähigkeiten. Sie haben Träume und deuten sie. Sie begegnen Engeln und hören auf Weisungen. Sie dichten neue Psalmen. In die Versammlungen der Hausgemeinden möchten sie lange Lobgesänge einfügen. Der nüchterne Titus kann nur den Kopf schütteln über solchen Überschwang. Dem frommen Jochanan wird angst und bange. Dabei erzählt doch auch sein Heiliges Buch von himmlischen Boten und wegweisenden Träumen. Aber in der Geraden Straße geht es maßvoll zu beim Gottesdienst: Psalmgesang, Worte der Schrift, Gebet und das Teilen von Brot und Wein. Dabei sind sie vorbildlich in der Fürsorge für Kranke und Arme. Kein Bettler geht fort ohne ein Schüsselchen warmer Suppe. Die Lahme bekommt lindernde Salbe, dem Aussätzigen werden die Wunden frisch verbunden. In der großen Villa von Titus und Julia ist Platz für ganze Familien, die am ersten Tag der Woche zusammen kommen. Rebecca und Melitta erzählen schon den Kindern von Jesus: ‚Einmal brachten Mütter ihre Kleinen zu ihm und baten: Segne sie, Rabbi! – Was soll das? Mit einem Lehrer sprechen nur Verständige, murrten die Schüler. Doch der nahm die Kinder in den Arm und legte ihnen die Hände auf den Kopf. Denn in Gottes Familie gehören sie dazu, wie der klügste Gottesgelehrte.' Natürlich hat Nathanael es aufgeschrieben.

Wenn ich mir den Schülerkreis von Galiläa vorstelle, dann frage ich mich überhaupt: Haben sie den Rabbi immer verstanden? Seine Gleichnisse erscheinen so einfach und klar. Sein Werben um Nachfolge auf seinem Weg leuchtet ein und lädt ein: ‚Stellt euch einen Tagelöhner vor, der einen fremden Acker umgräbt. Plötzlich knirscht es unter seinem Spaten. Ein Kasten mit einem Schatz! Welch Glücksfund! Verbirg ihn sofort wieder. Raff alles Geld zusammen, das du auftreiben kannst. Lauf zurück und kauf den Acker! Nun hast du den Schatz. Nun hast du zugegriffen!' –

Haben sie es erfasst? Haben sie verstanden, wozu Gott diesen Mann aus der jüdischen Provinz berufen und begabt hatte? Verstehen wir es? Auch darum muss es doch gehen, wenn wir von seiner Sendung erzählen und sie dadurch bewahren, ja weitertragen wollen.

Liegt meine Aufgabe in solchen Fragen? Wie sehen Matthias und Jochanan das?

12. *Fragen über Fragen*

Ich bin **Matthias**. Grecos hat mich mächtig ins Grübeln gebracht mit seinen Fragen. Wer war Jesus? Wer ist er für uns, die wir uns zu ihm halten gut dreißig Jahre nach seinem Tod und seiner Auferweckung durch Gott? Für die Familien in Kapernaum, die ihm die Treue hielten, war es klar: Er bleibt unser Bruder und Freund, auch wenn er nicht mehr sichtbar bei uns ist. Er bleibt unser Lehrer, der nun freilich auf andere Weise zu uns spricht, uns tröstet, ermutigt und auf neue Wege weist.

Als die Gute Nachricht unsere syrische Welt erreichte, stellten sich andere Bilder ein. Ist der Auferstandene nicht mächtig wie der Kaiser in Rom? Ein Kyrios, der Vollmacht hat im Himmel wie auf Erden? Ist er dann vielleicht schon zu seinen Lebzeiten von Gott als Sohn angenommen worden wie in alten Zeiten der König im Volk Israel? Besondere Menschen sind Gottessöhne, so können es auch die Griechen sehen, wenn sie von ihren Heroen erzählen. Was meinen sie damit? Vermutlich etwas anderes als unsere Psalmen, wenn dort der Ewige den König David als seinen Sohn anspricht. Ich vermute, Grecos stellt sich Jesus so weise vor wie einen seiner griechischen Philosophen, so bedürfnislos wie einen der stoischen Wanderlehrer, die ohne jegliches Hab und Gut über die Straßen ziehen und Gelassenheit predigen. Die brauchen kein Dach über dem Kopf und weisen auch ihre Schüler an: ‘Macht euch zu zweit auf den Weg und verbreitet eure Lehre vom richtigen Leben. Habt weder Beutel noch Stock bei euch. Wer euren Worten zuhören mag, wird euch auch eine Abendmahlzeit spendieren.’ Deshalb liebt er auch die Gleichnisse so, die in Kürze auf den Punkt bringen, was es zu hören gibt.

Doch wie sah Jesus sich selber? Verstand er sich als Prophet, wie jene, die unsere Vorfahren aufrüttelten und ermahnten? Sah er sich als Boten des Ewigen am letzten Ende der Zeit? Der Seher Daniel hat einen Menschensohn vorausgeschaut, der in jenem kommenden Reich des Friedens herrschen wird. Das hat Jesus gewusst. Doch hat der Wanderlehrer und Menschenfreund überhaupt über solche Fragen nachgedacht: Wer bin ich? Wie sehen mich andere, wie seht ihr mich, meine Jünger? Ich wälze die Schriften auf meinen Regalen um. Finden wir in ihnen Antworten, oder müssen wir selber sie geben, die wir die Botschaft vom Messias aus Israel, der zum Retter für alle Völker wurde, in unsere Zeit hinein überliefern?

Ich staune darüber, wie dieses unterschiedliche Verhältnis zu Jesus sich auch in unseren Gottesdiensten zeigt. Bei Jochanan in der Geraden Straße geht es fast zu wie in einer unserer Synagogen. Sie singen die Psalmen, in denen unser Volk seit Jahrhunderten Gott lobt und anbetet, ihm Nöte klagt oder ihn um Hilfe anfleht. Sie erinnern sich an Worte aus den Heiligen Schriften, wie sie in der Synagoge als Lesung aus Thora und Propheten vorgetragen werden. Dann fragen sie: weist uns das hin auf Jesus? Was sagt es uns zu einem Wort, das seine Schüler bei ihm gehört haben? Und schließlich tragen sie ihm all das vor, was sie bedrückt und belastet oder erfreut.

Bei uns geht es lebhafter zu. Wir suchen nach neuen Worten, um Gott zu preisen. ‚Steh auf, du Schläfer, aus Nacht und Tod! Das Licht des Christus geht auf über dir!' So rufen wir es den neu Getauften zu. ‚Ihr Glaubenden aus Israel und den Völkern, fügt euch wie lebendige Steine zusammen zu einem neuen Haus Gottes mitten in der Welt', so ermahnen wir einander. In jeder Versammlung erinnern auch wir uns an eine Geschichte über Jesus. Und schließlich bitten wir um Jesu Geist zur Leitung in all den Fragen und Sorgen unseres täglichen Lebens. Da steht einer vor einer schweren Entscheidung und betet in der Stille um Weisung. Und plötzlich ist alles klar, als habe ihm ein Gottesbote den Weg gewiesen. Danke, Herr, dass wir nicht allein sind in unserer Unsicherheit. Oder eine kann danken für neue Kräfte nach langer Krankheit. Du, Barmherziger richtest mich auf, deine Hand stützt mich. Wie gut, dass wir in die alten Psalmlieder einstimmen können, die alles ausbreiten, was menschliches Dasein ausmacht. Doch ebenso nötig brauchen wir Worte des Herrn, die uns jetzt in unserem neuen Leben ansprechen und uns darin bestärken.

Wenn wir dann Brot und Wein teilen, ist Jesus uns besonders nahe. Das war das Letzte, was er mit dem Jüngerkreis tat: Sie aßen, sie tranken. Das ist so viel mehr, als Lehren uns vermitteln könnten. Er war mitten unter ihnen, und nun sitzen auch wir mit an diesem Tisch.

Dann gehen die Frauen ans Werk: Was sie daheim vorbereitet und mitgebracht haben, wird in die Mitte gestellt: Gerstenfladen und Oliven, Datteln und Nüsse, ein Brei mit Kräutern vielleicht einmal. Es ist nicht üppig. Doch wir teilen redlich und geben acht, dass die Schalen der Sklavinnen und Sklaven ordentlich gefüllt werden. Dann singen wir wieder: Gott, danke für die Speise zur rechten Zeit. Und ich spreche den Segen, der uns umhüllt und bewahrt und uns leitet im Frieden des Herrn.

13. Siehe, wir gehen hinauf nach Jerusalem

Nun kommen sie mir, **Nathanael**, auch noch mit hochtheologischen Fragen! Nathanael, wie reden wir von

Jesus? Wie sahen ihn seine Zeitgenossen? Was dachten die Nachbarn in Nazareth über ihn?

Mich treiben ganz andere Probleme um: Wie fügt man lauter einzelne Geschichten zusammen zu einer Erzählung? Was kann entstehen aus Redestücken und Wunderberichten, aus wenigen Namen und vagen Ortsangaben?

Eines steht fest: Das Wichtigste zuletzt! Alles läuft hin auf den Bericht vom Tod auf Golgatha. Jesus starb am Kreuz. Das haben die ersten Zeugen überliefert, die sich danach dennoch zu ihm bekannten. Und so haben es die aufgezeichnet, die jenes frühe Zeugnis weitergaben. Das bedeutet also: Er wurde vom damaligen Prokurator der Provinz Syrien wegen Rebellion zum Tode verurteilt und mit der grausamen Todesstrafe für Sklaven und Verbrecher hingerichtet. Aber Jesus war kein Aufrührer gegen Rom! Von ihm gibt es keine flammenden Aufrufe zum Aufstand gegen das Imperium. Er stiftete nicht einmal an zur Verweigerung der Steuerabgaben für den Cäsar.

Er setzte ganz andere Schwerpunkte. Das jedenfalls wurde bald überliefert. Der Galiläer Jesus blickt kritisch auf den Tempel in Jerusalem und auf die Priesterschaft, die dort die Macht in Händen hält. Ihre Vertreter verwalten die Opfer und das Geld, das sich an jedem Tempel sammelt. Sie paktieren mit den einflussreichen Oberhäuptern der alten Familien in der ehemaligen Königsstadt, die den Hohen Rat bilden. Sie arrangieren sich mit Rom, um selber am Ruder zu bleiben. Der Wanderprediger fragt: Was hat dieser Tempel noch zu tun mit einem Gotteshaus, der Stätte von Anbetung und Verehrung des Höchsten? Gott wird sich abwenden von ihm. Das sieht Jesus kommen. Das wagt er, auszusprechen. Die Reaktion lässt nicht auf sich warten. Sie spinnen eine Intrige. Sie zetteln einen Prozess an wegen Lästerung gegen die Religion. Zeugen treten auf und verfälschen sein Wort von der Zerstörung des Tempels. Sie machen daraus: Er nehme für sich in Anspruch, Herrscher über sein Volk zu sein. - Aber das ist doch der Cäsar in Rom! - Eben - dann, Prokurator, schreite du ein und walte deines Amtes!

Hat es sich so abgespielt? Die Jünger waren alsbald auf der Flucht. Die Frauen hielten sich angstvoll-todesmutig am Rand des Geschehens. Die frühe Gemeinde in Jerusalem erzählt: Simon hat sich noch einmal zurückgeschlichen. Er hat von Ferne den gefesselten, gefolterten Angeklagten gesehen. Der hat dieses Martyrium erlitten zur Zeit des Pontius Pilatus. Er ist gestorben und wurde begraben. So war sein Ende.

Aber warum ist Jesus denn überhaupt nach Jesusalem gegangen? Konnte er sich nicht ausrechnen, was geschehen würde, sobald er den Mund auftat? Das Schicksal seines eigenen Lehrers, des Täufers vom Jordan, hätte ihn warnen können! Das einfache Volk hörte diesem Mahner betroffen zu. Mag sein, dass sogar einige ihr Leben änderten, um dem göttlichen Gericht zu entgehen. Doch als er sich mit König Herodes anlegte, war es aus. Bußpredigt fürs Volk mag angehen. Doch keiner wirft den Mächtigen Ehebruch vor, ohne dafür zu bezahlen! Was also hatte Jesus erwartet? Einsicht bei den großen Herren in Jerusalem? Ein Eingreifen Gottes? Nun endlich – das Reich der Himmel offenbar?

Ich weiß es nicht. Wir können nur weitergeben, was wir selber vorfanden, an Berichten und Fragen, an Unverständnis, an Versuchen der Deutung.

Allerdings überlege ich immer wieder: Konnten die Schüler ihrem Rabbi Jesus wirklich folgen in seinem festen Vertrauen auf den Vater im Himmel? Oder schlichen sich nicht auch Unsicherheiten und Missverständnisse ein? Gab es beim Zusammenleben der Jünger mit ihrem Lehrer gar Streitereien und Eifersucht: Wer versteht ihn am besten, wer steht ihm am nächsten? Hat Jesus sie dann ermahnt oder zurechtgewiesen? Das könnte wichtig sein für unsere so unterschiedlichen Lebensweisen in den verschiedenen Gemeinden. Solche Gedanken behalte ich freilich erst einmal für mich. Das Übrige gebe ich an Matthias und Jochanan zurück. Sie sind in den Schriftrollen bewanderter als ich. Ich bin nur der Schreiber.

14. Er ward verachtet

Ich, **Matthias**, verfolge eine Spur. Und so beugen wir uns über die Schrift des Propheten Jesaja. Wir lesen: Da war ein Knecht Gottes, der dem Höchsten diente mit ganzer Hingabe. War es ein Prophet? War es ein Lehrer und Ausleger des Gesetzes? Ein Gerechter muss er gewesen sein, der den Ewigen liebte. Doch sein Weg führte ins Leiden. Durchlitt er Krankheit oder Verfolgung? Enttäuscht wandten seine Schüler sich ab. Seine Gegner triumphierten. Hohn und Verachtung trafen ihn. Er starb von allen verlassen. Doch plötzlich ein Umschwung! Die eben noch wegschauten oder spotteten, erleben: Gott bekennt sich zu diesem Geopferten. Sein Leiden trägt Frucht für andere. Von wem sagt das der Prophet? Von sich selbst oder von einem anderen, dessen Leidensweg er erst im Nachhinein verstand? Oder gar von einem, der erst noch kommen sollte? Ist das nicht genau so wie bei Jesus? Ist das nicht, als sei es auf ihn hin geschaut und vorhergesagt? Kann Jesaja uns helfen, Jesus und seinen Weg zu verstehen?

Dass Jesus den Propheten Jesaja im Ohr und im Herzen hatte, das können wir wohl annehmen: ‚Gott hat mich gesandt, den Elenden gute Botschaft zu bringen, die zerbrochenen Herzen zu heilen, zu verkündigen den Gefangenen die Freiheit, zu trösten die Trauernden, ja, auszurufen ein Gnadenjahr des Ewigen!' Hört her, das erlebt ihr jetzt mit!

Und wir erinnern uns an die Gebete, mit denen Leidende von alters her den Ewigen aus tiefster Not anriefen: ‚Hörst du meine Klage, Gott? Siehst du mein Elend? Meine Freunde lassen mich im Stich, meine Gegner verspotten mich. Die Feinde gewinnen die Oberhand. Wo bleibt deine Hilfe? Meine Kraft erlischt, mein Leben verrinnt. Mein Gott, hast auch du mich verlassen'? So singen wir es in den Klageliedern unserer Gemeinde. Doch wir fügen die Erfahrung des Glaubens an: Am Ende erweist sich Gott nur scheinbar fern von dem, der unschuldig Gewalt erlitt. Er steht zu ihm. Er ruft ihn in ein neues Leben.

Könnten wir so auch den Weg verstehen lernen, den Jesus gegangen ist? Hat er ihn selber so vor Augen gehabt? Und werden sich das die Nachfolgenden nicht immer wieder fragen? Worauf also weisen wir hin, wenn wir von seinem Ende berichten? Was deuten wir an, nachdem wir selber eine Verstehhilfe gefunden haben?

Matthias, sagt Jochanan, ist es nicht eine Schande, wie die Jünger ihn im Stich ließen, als die Tempelwache kam, um ihn zu verhaften? - O ja, aber wie war ihnen wohl zu Mute? Vielleicht waren sie enttäuscht von dem Streit mit den Priestern, auf den ihr Lehrer sich einließ. War das nicht nur eine fruchtlose Debatte? Oder sie hatten Angst.

Es war Nacht, als die Truppe sie im Olivenhain überfiel. Die Schwerter klirrten, die Spieße blitzten. Was hätten wir getan? Jochanan schweigt.

Nach einer Weile fahre ich fort: Ich denke an so manch unfreundlichen Blick, der uns Christen inzwischen trifft. Freunde ziehen sich zurück. Geschäftspartner nähern sich vorsichtiger unserem Haus. Wir hören Gerüchte von offener Feindschaft in anderen Städten des Reiches. Was würden wir tun, wenn sie auch uns hier begegnen sollte? Wie standhaft könnten wir bleiben, wenn ein römischer Beamter uns zum Opfer für den Kaiser auffordert?

Jochanan, wie gut, dass wir von der Feigheit der Jünger hören. Selbst die erstberufenen Anhänger versagten. So etwas kann geschehen. Aber Jesus ließ sie nicht fallen. Er kam zu ihnen. Er rief sie neu in die Nachfolge. Nur so konnte es ja weitergehen. Nur so kann der Ruf immer weitergegeben werden.

Jochanan nickt, und der Hauch eines Lächelns streift sein Gesicht: Ja, Matthias, man kann Angst haben und doch standhalten. Man kann Treue geloben und dann im Ernstfall versagen. Man kann sogar weglaufen und doch wieder umkehren.

Entscheidend ist, dass Gott zu dir steht, dass er dir in Christus immer wieder die Hand reicht.

15. Vom Heilwerden

Ich bin **Melitta** und sehe, wie Matthias und Jochanan ein Problem nach dem anderen wälzen. Wir Frauen nennen sie heimlich ‚unsere Schriftgelehrten'. Da ist etwas dran. Denn es geht ihnen doch um das Gleiche, was auch in den Heiligen Schriften der Juden zum Ausdruck kommt – um die Geschichte Gottes mit uns Menschen, um Angst und Vertrauen, um Nöte und wunderbare Hilfe.

Mir brummt schon der Kopf, wenn ich die Fragen meiner Werkstatt bedenke: Wie viel Wolle und Garn darf ich neu erwerben, ohne mich zu verschulden? Wie viel Denare brauche ich für die Löhne meiner Weberinnen? Was muss ich Matthias unbedingt für die feinen Leinentücher berechnen, damit ich auf meine Kosten komme? Eine selbständige Handwerkerin hat keinen leichten Stand in der rauen Welt von Handel und Gewerbe. Aber mich respektieren sie in unserer Stadt. Schließlich hängen vom Verdienst meiner Weberinnen auch deren Familien ab! Meinen Mann sehe ich selten. Er ist angestellt bei einem Karawanenführer, der auf der Großen Handelsroute unterwegs ist. Er hilft bei der Pflege der Kamele. Er packt zu beim Beladen. Er trägt einen Dolch im Gürtel zum Schutz gegen Überfälle! Wochenlang ist er unterwegs. Bei einem kurzen Aufenthalt hier in der Stadt will er seine Ruhe haben. So bleibt auch alles im Haushalt an mir hängen – die Versorgung der Kinder, der tägliche Kleinkram. Unsere Tochter werde ich bald im Betrieb anlernen. Ob unser Sohn mit Titus und Julias Kindern bei Grecos Unterricht bekommen könnte? Er würde gern Lesen und Schreiben lernen.

Wenn ich am Webstuhl sitze, geht mir natürlich auch vieles durch den Sinn. Ist es nicht erstaunlich, wie viele Frauen in jenen Berichten über Jesus vorkommen? Er erblickte die verkrüppelte Frau im hintersten Winkel der Synagoge, die alle anderen längst übersahen. ‚Komm, du Tochter Abrahams und Saras, richte dich auf!' Er bemerkte die dunklen Schatten in der Seele der Mirjam aus

Magdala. ‚Lasst sie los, ihr Dämonen der Schwermut!' Und sie war geheilt und folgte ihm. Und sogar in den letzten Tagen in Jerusalem hatte er diesen Blick für die Ärmsten am Rande. ‚Seht ihr diese Witwe an der Opferschale? Eine winzige Münze hat sie hineingelegt. Mehr besitzt sie nicht für diesen Tag. Gott ist ihr wichtiger als Nahrung und Kleidung.'

War Gott für Jesus auch wie eine Mutter? Wie hätte er sonst erzählen können: ‚Mit dem Kommen der Gottesherrschaft ist es wie mit einer Frau, die den Wochenvorrat an Brotteig ansetzt. Sie schüttet Mehl in den Trog, sie fügt Wasser und Sauerteig hinzu. Dann lässt sie den Teig aufgehen. Denn von allein durchsäuert er sich und wird zur Nahrung für alle im Haus.' Gott als Bäckerin! Julia und ich lieben diese Geschichte! Wie gern werden unsere Mütter im Glauben sie erzählt und weitergegeben haben!

Ich frage Rebecca: Warum hören wir so viele verschiedene Berichte über Heilungen von Tauben und Blinden? ‚Und er strich ihm über die Augen. – Und er berührte seine Zunge mit Speichel. – Hephata, tut euch auf, ihr verschlossenen Ohren!' Da habt ihr euch sogar die Worte gemerkt, die der Heiler aussprach. Für unsere griechisch redende Gemeinde müssen wir sie aus seiner aramäischen Muttersprache übersetzen. Steht ein doppelter Sinn hinter diesen wunderbaren Taten? Macht die Augen auf für das Heil, dem ihr begegnet! Verschließt nicht die Ohren, wenn die Gute Nachricht ausgerufen wird! – Mag sein, antwortet die Freundin. Aber zuerst war da wirklich die bittere Not der Blinden und Lahmen. Und von Jesus ging Kraft aus, die zu Heilung und Stärkung auf andere Menschen überging. Für uns in Kapernaum war es ein

Zeichen: ‚Gott selbst ist hier am Werk. Er beginnt mit der Erlösung der Welt aus den Fesseln des Bösen. Darum fliehen die Dämonen. Darum können wir uns öffnen zueinander hin in Vertrauen und Liebe.'

Und ich grübele weiter: Diese Vollmacht Jesu – hat sie sich nicht fortgesetzt in den Gaben des Geistes, die wir in unseren Gemeinschaften spüren? Wie könnten sonst wir Händler und Handwerkerinnen, die Hausfrau oder der Veteran Heilige Schriften verstehen und auslegen? Wie könnten wir im Gottesdienst die rechten Worte finden zu Gebet und Verkündigung? Wer sich vor unseren Ältesten zu einer Schuld bekennt, dem sprechen sie Vergebung zu in Gottes Namen. Zur Hauskirche bei Matthias hält sich eine Frau, die Heilkräfte hat. Wem sie die Hände auflegt, der empfindet Linderung von Schmerzen oder Verspannungen. Sie tut es in Jesu Namen und dankt dem hilfreichen Gott dafür. Ja, auch bei uns ist Jesus gegenwärtig mit der Kraft seiner Auferstehung.

Grecos lächelt über die unter uns, denen es wichtig ist, dass sie mit besonderen Fähigkeiten begabt sind. Aber hat nicht Paulus gelehrt: ‚Der Geist des Herrn wirkt sich aus in den Gnadengaben, die in einer Gemeinde lebendig sind? Dankt ihm dafür und dient einander mit all euern Begabungen!' Hat er nicht sogar einmal der Gemeinde in Korinth geschrieben, mit welchen Einblicken in die himmlische Welt Gott ihn ausgezeichnet hat? Davon sind wir weit entfernt! Doch da ist eine kleine Sklavin aus dem letzten Dorf in Galatien. Tagaus, tagein wischt sie die Fußböden in der Villa, in die sie verschleppt wurde. Eines Tages nimmt sie die Küchenmagd mit in unsere Gemeinde. Sie hört und sie erlebt: Auch du bist gemeint, auch du gehörst dazu. Sie fasst Vertrauen zum Herrn und wird getauft. Und dann meldet sich in der Gemeindeversammlung dieser gebildete Grieche zu Wort und redet seine klugen Worte über die Güte der Gottheit für alle Menschen. Und sie, die letzte von allen, sie versteht, was Jesus ihr sagen will: ‚Junge Frau, erhebe dein Haupt, du bist eine geliebte Tochter Gottes!' Halleluja. So sehe jedenfalls ich das mit den Gaben.

16. Wenn das Elend hereinbricht

Ich, **Titus**, und Julia, wir sitzen zusammen am Brunnen im Innenhof unserer Villa. Ein Granatapfelbaum breitet die Zweige aus, Zitronenblüten duften. Aus den Wirtschaftsräumen dringen die Geräusche von der Arbeit der Sklavinnen und Sklaven. Im Schulzimmer lesen Grecos und die Knaben laut in einem lateinischen Buch über Roms Ahnherrn Äneas. Den Lärm und Trubel der Stadt halten die festen Mauern fern. Wie gut haben wir es in diesem schönen Anwesen.

Seit wir uns der Ekklesia anschlossen, haben Julia und ich eine neue Nähe zueinander gefunden.

Es ist viel eher sie, die ‚dem Herrn dient' und also unsere Versammlung leitet. Sie fühlt sich geführt vom Geist Jesu, auf dessen Gegenwart sie vertraut.

Mich bewegen weiterhin Fragen und Zweifel. Ich kann sie Julia gegenüber äußern. Manchmal setzen wir uns auch mit Grecos zusammen. Er hat durch seine philosophische Bildung einen eigenen Blick auf die Dinge, auch auf die religiösen Fragen. Das kommt mir als vernünftigem Römer entgegen. Und haben die Schüler es nicht genauso aufgeschrieben? ‚Wo zwei oder drei in meinem Namen zusammen sind, da bin ich bei ihnen mit Rat und Hilfe.'

Julia erinnert mich an eine Geschichte aus Rebeccas Kapernaum. Ein Vater bringt sein schwerkrankes Kind zu den Jüngern. Krampfanfälle schütteln den schwachen Körper. Sind da teuflische Mächte am Werk? Ratlos wiegen die Jünger die Köpfe. Endlich tritt auch Jesus in den Kreis aus Mitleidigen und Gaffern, der sich inzwischen gebildet hat. ‚Wenn du etwas kannst', schreit der Vater, dann hilf meinem armen Kind!' – ‚Jeder vermag etwas, der sein ganzes Vertrauen auf den Barmherzigen richtet. Kannst du Vertrauen fassen?' – ‚Ich bin voller Verzweiflung, hilf du mir auch noch zum Vertrauen!' Da wandte Jesus sich dem Kind zu und schlug den bösen Geist in die Flucht – zugleich auch die Geister der Hilflosigkeit und Verzagtheit? Julia, sage ich, ist es nicht erstaunlich, dass sie die Ohnmacht der Schüler nicht verschweigen? – Ja, bestätigt sie, auch diese waren schwach. Auch sie kannten Zweifel und verstanden Jesus nicht oder wichen dem Leid aus. Aber sie hatten den Mut, das nicht zu verheimlichen. Ob sogar Jesus irgendwann Angst empfunden hat? Kannte er Trauer und Zorn und Enttäuschung? Julia, rufe ich erstaunt, natürlich kannte er das alles, er war ein Mensch. Sicher war er als Wanderlehrer ähnlich bedürfnislos im Blick auf die Güter oder Annehmlichkeiten dieser Welt wie unsere stoischen Philosophen. Doch wir alle sehnen uns nach Freundschaft und Verständnis. Wieso nicht auch er? Sie nickt und schweigt. Was geht ihr wohl noch durch den Sinn?

Ehe wir uns ein andermal weiter über Glaubensfragen unterhalten können, bricht allerdings die Not brutal in unsere Hausgemeinde ein. Beim Gottesdienst singen wir gerade: ‚Gott ist mein Hirte, er führt mich zum Wasser', da fängt eine der Sklavinnen an, erbärmlich zu schluchzen. Julia geht mit ihr in den Hof. Nachdem sie sich gefasst hat, reden die beiden lange miteinander. Es kommt eine böse Geschichte zu Tage. Die Besitzer der jungen Frau sind reiche Messerschmiede. Wie viele Handwerker in der Stadt haben auch die sich mit Kollegen zu einer Gilde zusammen geschlossen. Sie besitzen ein prachtvolles Vereinshaus mit mehreren Räumen für Sitzungen und Feste. Dort feiern sie das Patronatsfest und Geburtstage mit großen Gelagen. Nach dem feierlichen Symposion folgen Schmauserei und Trunk, bis alle berauscht zu Boden sinken. Und bei diesen Feiern müssen die jungen Sklavinnen als ‚Tänzerinnen' die Herren erfreuen und ihre Wünsche befriedigen.

Tief betroffen hat Julia mir daraufhin von diesem Elend unserer Schwester erzählt. Es ist nur zu verständlich, dass sie aus ihrer Zwangslage herauskommen möchte.

Doch wie wäre das möglich? Selbst wenn wir durch eine Sammlung unter uns den Geldbetrag aufbrächten, um sie freizukaufen, würde ihre Herrschaft sich dazu bereitfinden? Und wenn wir als neue Besitzer sie dann freiließen, wovon könnte sie leben? Manchmal sind arme Freigelassene schlechter dran als Sklaven in einem ordentlichen Dienstverhältnis. Sie müssen sich ja selbst eine Arbeit suchen oder ein Gewerbe anfangen. Am besten gelingt das, wenn sie weiterhin als ‚Klienten' mit ihren ehemaligen Herren verbunden bleiben und so etwa Rechtshilfe und anderweitige Unterstützung erfahren.

Aber nicht alle schaffen es, neu in der Gesellschaft Fuß zu fassen. Das wissen Sklaven nur zu gut und begehren deshalb selten auf. Und so macht sich auch kaum jemand Gedanken über dieses Verhältnis der Abhängigkeit, auf dem unser ganzes Wirtschaftsleben beruht. Doch nun hat es uns sein hässliches Gesicht gezeigt. Werden wir helfen können?

17. Tu der Völker Türen auf

Ich bin **Joachanan** und habe heute einen langen Weg an der Mauer entlang gemacht, die unsere alte Stadt umschließt. Acht mächtige Tore führen hinein und hinaus. Schließlich kam ich zu jenem Tor, mit dem wir Christen eine besondere Geschichte verbinden. Wie oft hat es der alte Judas erzählt! Dort hatten sie Paulus des Nachts in einem Korb heimlich über die Mauer hinunter gelassen. Nur durch seine Flucht konnte er der Wut der eigenen Glaubensgenossen entgehen. Diese haben ihm seinen Sinneswandel nie verziehen: eben noch ein glühender Liebhaber der Thora – nun ein Anhänger des Wanderrabbis aus dem unsicheren Galiläa. Wie konnte er auf einmal ausgerechnet den als Messias verkündigen, dessen Anhänger er kurz zuvor noch der Ketzerei verdächtigt hatte! So wurde der Verfolger selbst zum Verfolgten.

Aber immer wieder konnte er den Gefahren entkommen: den Überfällen und Schiffbrüchen, den Anklagen und Verhaftungen. Vor Damaskus begegnete ihm der auferstandene Herr und trug ihm auf, sein Bote zu sein und überall im Römischen Imperium Gemeinden zu gründen.

Wir halten sein Andenken in Ehren. Er war dazu auserkoren, die gute Nachricht bis an die Enden der Welt zu tragen. Er wusste sich zum Apostel berufen und konnte sein theologisches Wissen als frommer Befolger der Thora einbringen, um den Heilsweg Gottes neu zu beschreiben.

Denn es stellen sich ja so viele Fragen: Wie kann es einen Weg zum Ewigen geben – ohne Beachtung des ganzen Gesetzes? Wie kann ein Mensch in den Bund mit ihm eintreten – ohne die Beschneidung? Ist denn der

Zaun niedergerissen zwischen Israel und den Völkern? Gibt es ein neues Gottesvolk aus Juden und Griechen? Leidenschaftlich hat Paulus darum gerungen, auf solche Fragen Antworten zu finden. Alles, was wir von seinen Briefen kennen, legt Zeugnis davon ab.

Dabei ist er immer wieder angeeckt mit seinen konsequenten Gedanken! Wohl auch mit seiner Schroffheit und Unerbittlichkeit. Aber er ließ sich nicht entmutigen. Ja, geradezu getrieben war er unterwegs: eben noch in Asien und Galatien, dann wieder in Griechenland und schließlich zurück in Judäa. Da war er darauf angewiesen, dass die weitere Arbeit in den Gemeinden von anderen getan wurde. Und das hat er auch anerkannt und hoch geschätzt: Cloe, Phöbe, Krispos und Fortunatus in Korinth, Andronikus, Junia und Persis in Rom, Clemens und Lydia in Philippi und wie sie noch alle heißen. Er grüßt sie herzlich in seinen Briefen und verlässt sich darauf, dass durch sie und andere der Bau der Kirche wächst, zu dem er das Fundament gelegt hat! Oft, wie gesagt, hörten wir von Verurteilungen und Strafen durch städtische Behörden. In Cäsarea soll er sich bei einer Anklage schließlich vor dem Prokurator Festus auf sein Recht als Römischer Bürger berufen haben und zu einem Prozess in die Hauptstadt des Imperiums überstellt worden sein. Von da an verliert sich seine Spur. Wir gedenken seiner in unseren Gebeten beim Brotbrechen, wo die Lebenden und die Vorausgegangenen am Tisch des Herrn versammelt sind.

Eines ist mir freilich an seinen Briefen aufgefallen: Für das irdische Leben des Jesus von Nazareth hat Paulus sich nie interessiert. Er hatte Offenbarungen und Visionen, so schreibt er. Dann hörte er die Stimme des Auferstandenen. Unseren Rückweg zu den Anfängen wäre er wohl nicht mitgegangen. Doch ohne seine Erkenntnisse säßen wir nicht an dieser Arbeit beieinander als Juden und Griechen in der einen Kirche.

Umso mehr frage ich mich: Begann der Weg Gottes zu den Völkern wirklich erst mit Paulus? Wenn Jesus einmal bei Thyros über die Grenze ging, tat er es nicht vielleicht auch im Gebiet von Gerasa? ‚Da lebte einer in einer Höhle, gequält von den unreinen Geistern, die diesen Landstrich bevölkern. Doch als sie Jesus auch nur von ferne sahen, machten sie sich davon!' Das könnte ich mir vorstellen, und so würde ich es gern erzählen. Denn gerade wir in der Zeit nach den großen Zeugen des Anfangs müssen es doch festhalten: Für alle Menschen steht die Tür offen zu Gottes Güte und Erbarmen. Und wäre dieser Weg in die Welt der Völker vielleicht für die Brüder in den Synagogen leichter zu verstehen, wenn schon der Messias selber ihn beschritten hat? Wir und sie lesen doch beim Propheten Jesaja Gottes Auftrag an ihn: ‚Mein Volk Israel sollst du sammeln und aus der Zerstreuung zurückbringen. Doch auch den Völkern wirst du Erleuchtung bringen, Heil bis an die Enden der Erde.'

Leider finde ich nicht die Zeit dazu, mir die Geschichte von der Heilung des Besessenen im Bereich der Zehn Städte mit Nathanaels Hilfe weiter auszumalen. Denn ein Rechtsstreit erschüttert die Gemeinde. Der Besitzer einer Tongrube hat einem Töpfer minderwertigen Ton geliefert. Infolgedessen sind mehrere große Amphoren gleich nach dem Brennen auseinander gebrochen. Welch ein Schaden, zumal ein reicher Weinhändler dringend auf diese Ware wartete! Mit den einfachen Schalen und Bechern, die auch Arme sich leisten können, ist solch ein Verlust niemals auszugleichen. Nun fordert der Handwerker einen Teil des Geldes zurück. Der Verkäufer des Tons versucht sich herauszureden, indem er den Gehilfen des Töpfers vorwirft, bei ihrer Arbeit gepfuscht zu haben. Mit Mühe verhindern Titus und ich, dass die beiden Streithähne ein städtisches Gericht anrufen. Auch ohne Eingriff der Behörden muss es doch möglich sein, zu einem Vergleich zu kommen! Wie kann sonst von Frieden und Einigkeit bei uns die Rede sein!

Versöhnt euch – so hätte jedenfalls Jesus gemahnt. Denn auch wir Christen machen Fehler und werden schuldig. Aber wir müssen um Verzeihung bitten und können vergeben.

18. Zum Gedächtnis

Julia hat mich, **Matthias**, erinnert: Wir haben aus den letzten Lebenswochen unseres Herrn mehr als den bloßen Bericht von seinem Leiden und Sterben. Er war ja auf einem Pilgerweg zum Passafest, bevor sein Leben in Jerusalem so furchtbar zu Ende ging. Was alles geschah noch in jenen Tagen?

In Betanien haben sie es aufgezeichnet: ‚Die Pilgerschar wurde aufgenommen im Haus des Simon, der vom Aussatz wieder gesund geworden war. Er bewirtete alle mit einem festlichen Mahl. Doch als sie die Plätze auf den Liegen um die niedrigen Tische eingenommen hatten, öffnete sich die Tür noch einmal. Eine Frau schlüpfte herein. Niemand kannte sie, und sie grüßte niemanden. Von hinten trat sie an Jesus heran, zog aus dem Gewand eine Karaffe mit Nardenöl. Sie zerbrach den Verschluss und goss das Öl auf sein Haupt. Duft erfüllte den Raum.

Stumm strich die Frau die Narde in Jesu Haar. Unruhe kam auf. Welcher Luxus! Was soll das? Jesus hob die Hand. Tut ihr doch nicht weh mit euerm Gemurre. Sie tat es, wie man einem Verstorbenen die letzte Wohltat erweist. Daran werdet ihr noch denken.'

Nur kurze Zeit später legten sie, vom Kidrontal heraufsteigend, die letzte Wegstrecke in die Stadt hinein zurück. Mit ihnen waren nun viele unterwegs: Dorfgemeinschaften, Familien, Freundesgruppen wie sie. Da sehen sie schon die mächtigen Mauern und das Stadttor. Um sie erschallen die Pilgergesänge: ‚Tut euch auf, ihr uralten Pforten, denn ich will in Gottes Haus einziehen! – Gelobet seid ihr, die ihr kommt im Namen des Herrn. Halleluja, dem Höchsten sei Dank. Wir grüßen euch auf euerm Weg zum Fest. Kommt, schmückt mit uns den Altar mit Palmen und grünen Zweigen!'

Und dann die Tage in Jerusalem. Besuche bei Verwandten, Wege zum Tempel, wie sie alle Festpilger machen. Gespräche in den Vorhöfen mit anderen Gläubigen, Fragen und Antworten im Gespräch mit den frommen Gesetzesauslegern Judäas. Noch einmal auch Gedanken über die Zukunft. Düsterer klingen sie nun. Sieht Jesus nicht nur den Tempel wanken? Erblickt er nun auch die drohenden Wolken von Krieg und Zerstörung am Horizont? Wem stehen dann Flucht und Verfolgung bevor? Wer wird Verrat und Verlassenheit durchmachen? Von ‚Wehen der Endzeit' haben auch schon frühere Propheten gesprochen: Neues bricht sich unter Schmerzen Bahn. Wer in solchen Zeiten des Wandels lebt, muss Ängste aushalten und Gefahren erdulden. Die Schüler erschrecken, sie wagen nicht nachzufragen.

Und schließlich: Sucht einen Raum, wo wir noch einmal unter uns sein können, Pilgerlieder singen und Psalmen beten, miteinander essen und Gott danken. Und als sie dort zusammen sitzen, erhebt Jesus das Brot, um dafür zu danken, dann teilt er es aus an alle. Er nimmt den Weinbecher, lässt ihn kreisen. ‚Sooft ihr das noch tun werdet, denkt an mich dabei.' – ‚Aber du bist doch bei uns!' – ‚Ja, und ich werde es immer sein!' Und dann gehen sie hinaus zu den Schlafplätzen im Olivenhain. Und es wird Nacht.

19. Die Wege des Messias

Ich bin **Nathanael**. Wir habe gerade wieder einmal die Berichte über die letzten Tage in Jerusalem durchgelesen. Da ging es zu Ende. So ging es zu Ende. Aber wie hat es begonnen? Nathanael, fragen sie mich, wie hat es eigentlich begonnen?

Wie beginnt unser Christenweg?, frage ich zurück. – Mit der Taufe, strahlt Melitta. – Du sagst es!

Es war wie in den alten Zeiten des Propheten Jesaja. Da erscholl eine Stimme in der Wüste. Da stand einer am Jordan im Büßergewand und schrie: Kehrt um von euren falschen Wegen. Wendet euch wieder hin zu unserem Gott. Jetzt ist die letzte Frist vor dem Endgericht. Taucht ein ins Wasser, das euch reinigt zu neuem Leben! So taufte Johannes am Jordan. Da kam auch Jesus aus Galiläa und stieg mit Johannes hinab in die Flut. Als er aber wieder auftauchte, rief Gott ihn beim Namen. Mein Sohn bist du. Geh zu meinen Menschen, meine Liebe ist mit dir.

Ja natürlich, so muss es gewesen sein, bekräftigt Matthias. Wie wir in unserer Taufe zu Gotteskindern werden, so wurde Jesus zum ersten Sohn Gottes vor vielen

Geschwistern. Da wusste er sich gerufen, wie einst die Propheten und beauftragt wie der König im alten Israel. Da fühlte er: Gottes Heilige Geistkraft ruht auf mir, sie leitet und stärkt mich. – Aber sah er sich nicht als Menschenkind unter seinesgleichen?, wirft Jochanan ein. – Schließt sich das aus? Auch heute geben wir ihm verschiedene Namen. Wichtig ist: Am Anfang war die Taufe.

Und dann begann der Weg. Warum ist er nicht nach Nazareth zurück gegangen?, fragt Grecos. Dort war seine Heimat, dort lebte seine Mutter mit seinen Geschwistern. – Aber kann einer seine besondere Aufgabe an dem Ort erfüllen, wo er aufgewachsen ist? Dort war er der Zimmermann. Dort kannte man ihn als Josephs Sohn und Jakobs Bruder. Habt ihr nicht auch so einen Spruch: Der Weise gilt überall mehr als auf dem heimischen Marktplatz! – Ja, schon.

Also wandert er den Jordan aufwärts zum See Genezareth. Er kommt durch das reiche Magdala mit seinem stolzen Wehrturm. Er wandert weiter nach Kapernaum. Er sieht die Äcker und Weinberge. Er sieht die Tagelöhner auf den Feldern. Dann tritt er ans Ufer. Er riecht das Wasser, den Dörrfisch, das Schilf. Er kommt zu den Fischern mit ihren Booten und Reusen. Er bleibt. Er kam zu uns, flüstert Rebecca andächtig.

Ja, und wurde zum Rabbi aus Kapernaum. Nathanael, du wirst über die Wege zwischen den Orten am See nachdenken müssen. Wie kommt man von Kapernaum nach Bethsaida? Wo verlaufen Grenzen, wo werden Zölle erhoben?

Darauf würde es hinauslaufen, wenn wir so etwas wie einen Lebensweg Jesu skizzieren wollen. Dörfer mit

Pachtherren und Lohnarbeitern, mit Bauern und Handwerkern. In den Höfen mahlen die Frauen die Gerste zwischen zwei Steinen, drehen die Spindel. Dann Pfade zwischen Ährenfeldern und Weinbergen. Mittagsrast an einem Dorfbrunnen. Am Abend ein gastliches Haus, da bringen die Nachbarn schon einen Kranken. Den Weg schließlich durchs Jordantal über Jericho, hinauf zum Bergland Judäas.

Nathanael, überlegt Melitta, wie könnten wir das in eine Ordnung bringen, die Reden Jesu – könnten sie aufeinander folgen? Und all diese verschiedenen Heilungsberichte? Es sind so viele, sie ähneln sich manchmal, dann wieder geht Jesus mit einem Kranken ganz anders um als sonst. Hat das seinen Sinn, den wir nicht mehr verstehen? Wenn er die Tochter des Jairus ruft: ‚Talita kumi', dann musst du das übersetzen: ‚Steh auf, junge Frau'. Es galt ihr, aber mir gilt es auch, wenn ich müde und kraftlos bin, wenn ich mich vor dem Leben fürchte und mich lieber verkriechen würde.

Also versuche ich, mir eine Anordnung vorzustellen, einen Tag bald nach Jesu Ankunft am See. Da hocken die Fischer am Ufer, das Garn der Netze gleitet durch ihre schwieligen Finger, sie reden miteinander über den Fang der letzten Nacht. Kinder laufen herbei und umringen ihn, ein Fremder ist immer interessant. ‚Stellt euch vor, ein Kaufmann entdeckt auf dem Bazar eine wunderschöne Perle. Teuer ist sie, doch wenn er sie einfassen lässt, kann er den Schmuck einem Fürsten anbieten. Also verkauft er all seinen Besitz. Nun erwirbt er die Perle. Nun hat er den Schatz, auf den es ankommt!'

Die Kinder lachen, die Fischer blicken ihm nach, als er weitergeht. In der Mittagshitze lädt ihn eine Bauernfamilie ein in den Schatten des Hofes. Der alte Vater sitzt gekrümmt unter dem ausladenden Maulbeerbaum. So viele Jahre harte Fronarbeit stecken in seinen Gliedern. Jesus hockt sich neben ihn, streicht zart über die narbigen Hände. Der Alte atmet tief auf, streckt sich ein wenig, die Schmerzen lassen nach. Am Abend nimmt Jesus den Weg hinauf in die Hügel. Wo geht er wohl hin? Vielleicht will er beten. Ein Tag in Kapernaum.

Nun mischt Titus sich ein: Ja, so kann ich mir Jesus in Kapernaum vorstellen. Aber er ist allein, wie kommt er zu seinen Jüngern? Zum Rabbi wird einer doch durch Schüler?

Wir blicken auf Rebecca, und sie wiederholt, was sie schon früher erzählt hat: Die ersten Jünger waren die Fischer Simon und Andreas, Jakob und Johannes. Die hat er gerufen: Lasst andere Fische fangen; kommt ihr mit mir und werft das Netz des Gottesreiches aus über Menschen in Angst, Leid und Schuld. Und sie gingen mit ihm. Simons Haus wurde auch Jesu Zuhause in unserer Stadt. Da war er wie ein Bruder und Sohn. Irgendwann sprach er Levi hinter seiner Zollschranke an. Vom Steuereintreiber zum wandernden Schüler – das war ein großer Schritt.

Andere mögen ihn gesucht haben, überlegt Jochanan. ‚Simon, der Eiferer' und ‚Judas, der Kämpfer' – das klingt nach Rebellen gegen die Besatzungsmacht. Meinten die etwa, sie schlössen sich einem Verbündeten im Kampf gegen Rom an? Und dann noch Philippus mit seinem griechischen Namen. Hatte dessen Familie vielleicht früher einmal im Ausland gelebt? Und hat er in Jesus einen Weisheitslehrer vermutet?

Zusammen bilden die Jünger die Vollzahl der Stämme des Volkes Israel ab, auch wenn sie so ein bunter Kreis sind, den der Wanderlehrer um sich gesammelt hat.

Ebenso waren Frauen dabei: Mirjam aus Magdala, Salome, die Frau des Zebedäus und wohl noch andere, deren Namen vergessen sind. Manche Geheilte wollten sich ihm anschließen, erinnert sich Rebecca. Doch oft hat er dann gesagt: Geh zurück in dein Dorf, dort ist der Ort, an dem du Gottes Schalom leben sollst! Und wie gut, dass es Häuser gab, in denen die ganze Schar willkommen war, wie bei Martha in Betanien, oder wo sich bald Glaubende treffen konnten, wie bei Bartimäus in Jericho. So kennen wir die Namen dieser Väter und Mütter der frühen Gemeinden bis heute.

Ja, ergänzt Matthias, und zugleich verstehen wir: Es gibt unterschiedliche Wege, um zum Glauben zu kommen. Du wirst gerufen, du wirst von einem Leiden befreit, du suchst und findest. Du bist offen für etwas Neues und selber schon lernbegierig und hilfsbereit. Wichtig ist, dass du hören kannst, wenn Jesus dich anspricht, dass du aufstehst und folgst, wenn er ruft.

Wir müssen lächeln bei dieser begeisterten Rede, nur Jochanan seufzt leise: Wollen wir uns wirklich immer wieter mit unserem Werk abmühen? Kann sich das je zu einer Art großem Bild zusammenfügen? Wissen wir nicht viel zu wenig? Ist es nicht viel zu lange her? Und überhaupt: Wozu?

Aber das haben wir doch schon einmal verstanden. Wir wollen es erzählen, weil wir diesen Weg nachgehen müssen – von Galiläa nach Jerusalem und nach Galiläa zurück. Dort begann es. Dort fängt der Glaube immer wieder an.

Nach Galiläa zurück? Es endet doch in Jerusalem. – Nein, aber davon haben wir noch nicht gesprochen.

20. Dunkle Wolken

Melitta, Julia und ich, **Rebecca**, sitzen in der Werkstatt. Die Webstühle stehen still. Es ist Abend. Auf den Gassen ist der Lärm des Tages verstummt – die eisernen Räder der Karren rattern nicht mehr übers steinerne Pflaster, die Rufe der Wasserträger sind verhallt, die Straßenhändler haben ihre Ware zusammen gepackt und in einer Mauernische Unterschlupf gesucht. Nur Besucher von Theatern und Gastmählern sind noch unterwegs. Der Schein ihrer Pechfackeln schimmert in der Dunkelheit. Die Kinder in der Schlafkammer murmeln leise unter den Decken. Auch wir sind müde von der Arbeit des Tages. Aber wir flüstern noch miteinander.

Rebecca, fragt Julia, wie meinte es Jesus, wenn er zu einer Kranken sagte: ‚Dein Vertrauen hat dich gesund gemacht.' War es denn nicht er, war es denn nicht seine Heilkraft, die denen half, die sich an ihn wandten? – Ich habe einmal mit Rahel, der Tochter des Jairus, darüber gesprochen, wie es war, als sie wieder gesund wurde. Sie hat mir erzählt: ‚Ich war schon ganz schwach, als mein Vater den Rabbi um Hilfe bat. Meine Eltern brachten ihn an mein Lager. Er hockte sich neben der Matte nieder, auf der ich dahindämmerte. Er sah mich an, dann ergriff er meine Hand. Da war es, als ob etwas von ihm zu mir hinüber strömte. Kraft? Mut? Zutrauen zum Leben? Ich konnte es zunächst nicht richtig einordnen. Doch dann war mir mit einmal klar: ich will leben. Ich werde wieder gesund. Vielleicht ist es anderen ähnlich gegangen. Jesus hat in ihnen den Mut zum Leben wach gerufen. Oder er hat ihr Zutrauen gestärkt zu guten, heilsamen Kräften, die in ihnen selbst schlummerten.'

Darüber denken wir lange nach, dann überlege ich: Vielleicht geschieht etwas Ähnliches, wenn wir in der Gemeinde mit Kranken beten und sie mit Öl salben. Sie spüren: Ich bin nicht verlassen. Jetzt sind die Geschwister an meiner Seite. So kommen Schwache manchmal wieder zu Kräften, oder sie können ihren letzten Weg ruhiger zu Ende gehen.

Julia spinnt den ersten Faden weiter: Hat Jesus nicht besonders den Frauen solches Vertrauen zugesprochen? Was hat er bei ihnen gesehen an Lebensmut und Durchhaltekraft? Er traute ihnen zu, seine Schülerinnen zu werden und sich in seiner Nachfolge für andere einzusetzen. Wie viel Mut und Beharrlichkeit werden wir noch brauchen bei unserer Mitarbeit in der Gemeinde?

Ich hoffe, stimme ich ihr zu, die Geschichten dieser Schwestern der ersten Zeit mit Jesus werden immer wieder besonders Frauen ansprechen und sie herausfordern: Bleibt standhaft! Behaltet euern Mut und eure Lebenslust.

Melitta seufzt: Das wird nötig sein in diesen unsicheren Zeiten. Mein Mann erzählte nach seiner letzten Handelsreise von Gerüchten über Aufstände in Judäa. Das wird der Kaiser in Rom sich nicht bieten lassen. Wenn die Statthalter und Kleinkönige Ruhe und Ordnung nicht aufrechthalten können, wird er immer mehr Legionäre in diese rebellische Provinz entsenden. Dann Gnade Gott dem Volk Israel! –

O, Rom kann so erbarmungslos zuschlagen, klagt Julia. Wer wüsste das nicht besser als eine Soldatenfrau! Gnädiger Gott, verschone uns vor Krieg und Gewalt!

Wieder schweigen wir eine Weile. Dann stimme ich an: ‚Zu dir, Barmherziger, flüchte ich mich. Berge mich im Schatten deiner Flügel. Beschirme mich in Not und Gefahr. Denn dir vertraue ich. Du bist mein Erretter und mein Halt.'

Danach rufen wir die Sänftenträger, die Julia nach Hause bringen.

Am nächsten Morgen trage ich einen Packen wollener Umhänge in den Tuchladen. Matthias nimmt sie mir selber ab. Er wirkt besorgt. Hat auch er von der drohenden Kriegsgefahr gehört? Er führt mich hinunter ins Lager. Während er die Ware sorgfältig im Regal einordnet, beginnt er leise zu reden: Ein Geschäftspartner hat mich gewarnt. Es gibt neuerdings auch in einer der Synagogen unserer Stadt Männer, die abfällig über uns Christen sprechen. Sie sehen in uns eine Gefahr für ihr eigenes Verhältnis zum Römischen Staat. Natürlich fürchten sie um ihr besonderes Privileg: Sie müssen ja am Opfer für den Kaiser nicht teilnehmen, wie all die anderen Bürger. Doch auch wir Christen huldigen dem Cäsar nicht wie einem Gott und nehmen dabei stillschweigend das Recht der Juden in Anspruch. Das aber wird Rom uns auf die Dauer nicht durchgehen lassen. Womöglich, so argwöhnen nun die jüdischen Geschwister, werden sich die römischen Behörden dabei nicht lange aufhalten mit feinen Unterschieden zwischen fremden Religionen, auch wenn sie die ja eigentlich dulden. Denn wen sie verdächtigen, sich den Rechtssätzen und Sitten ihrer Gesellschaft nicht anzupassen, mit dem machen sie kurzen Prozess.

Und wie schnell werfen sie dann alle in einen Topf! Wie vor einigen Jahren, als sie die Juden aus Rom auswiesen. Da traf es unsere kleine Gemeinde dort gleich mit. So kamen Aquila und Priska nach Korinth und wurden dort zu Freunden und Lehrern des Paulus. Aber das sind alte Geschichten. Was sollen wir tun, wenn Gegner uns anklagen und angreifen? – Du fürchtest dich? – Ich dürfte das nicht, und doch. Ich habe eine Familie. – Auch die Jünger hatten Angst. Als sie auf dem See der Sturm überraschte, verließ sie all ihr Mut. Sie, unter denen doch Fischer waren, die mit Wind und Wellen umgehen konnten, gerieten in Panik. Vielleicht war das Boot überladen, vielleicht war kein Ufer mehr in Sicht. Jesus hat sie getadelt, aber er hat auch den Sturm beschwichtigt.

Matthias, in dieser dunklen Welt haben wir Angst. Denn wir sind schwache Menschen.

Matthias atmet tief ein. Rebecca, sagt er, das war die rechte Erinnerung zur rechten Zeit. Dafür haben wir diese Geschichte.

21. Der Rückweg

Wieder sind wir alle bei mir, **Matthias**, im Obergemach versammelt. Jochanan ergreift das Wort: Wie war das neulich gemeint: Wir müssen zurückgehen nach Galiläa?

Daraufhin meldet sich Nathanael, der sonst so gern im Hintergrund bleibt: Bisher stellten wir uns doch vor, ein Bericht über Jesus von Nazareth müsse mit seiner Taufe beginnen und mit der Kreuzigung in Jerusalem enden. Er war tot. Die Jünger hatten sich zerstreut. Aber da waren die Frauen – Mirjam von Magdala und Salome und Jakobs Mutter aus Kapernaum. Sie waren geblieben und standen zitternd am Rande der schaulustigen Menge auf

Golgatha. Sie sahen den Freund leiden und sterben. Sie hielten das aus. Sie folgten den beiden Jerusalemer Männern nach, die den Mut besaßen, den Hingerichteten zu beerdigen. So kannten sie den Ort des Felsengrabes. So wagten sie sich dorthin, als der Sabbat vergangen war. Ihr kennt ihr Zeugnis über die Botschaft des Engels: ‚Er ist nicht hier. Er ist auferstanden!'

Nathanael hält inne, und wir nicken zustimmend. Dann fährt er fort: Ja, so bekennen wir es bei jeder Taufe: Ich glaube an Jesus, den Christus. Er ist gestorben und auferweckt von Gott zu neuem Leben. Darauf begründen wir unseren Glauben: Der Kyrios ist bei Gott in der himmlischen Welt. Aber er ist auch in unserer Mitte, wann und wo auch immer wir zusammen sind in seinem Namen.

Worauf will Nathanael hinaus, wenn er uns daran erinnert? Titus mischt sich ein. Ging nicht die Botschaft des Engels noch weiter? ‚Sagt seinen Jüngern: Geht nach Galiläa, dort werdet ihr ihn sehen.' Jetzt blicken alle zu Rebecca, und sie nimmt den Faden auf: Wie die Frauen, so sind ja auch die Schüler zurück gekommen nach Kapernaum – Johannes und Jakob, Andreas und Simon, Thomas und Levi. Verstört und todtraurig haben sie versucht, an das alte Leben anzuknüpfen. Es war schwer. Doch dann ist Jesus auch ihnen erschienen. So wurde es in unseren Versammlungen erzählt. Und die Botschaft breitete sich aus: Er lebt. Und das hatte Folgen: Aus dem alten Kreis der Schüler und Anhängerinnen und aus weiteren Freunden entstand die erste Gemeinde.

Nun meldet sich Grecos zu Wort: Der Glaube kommt also aus dem Hören. Die Frauen hörten die Worte des Engels. Sie sagten sie weiter. Dann begegnete der Auferstandene seinen Jüngern. Er sprach mit ihnen und weiteren Zeugen am See und in Jerusalem, und alle gaben die Botschaft weiter. Dann hörten eure Eltern sie hier in Damaskus. – Einige sahen ihn, murmelt Rebecca. – Ja, aber wir tun das nicht mehr. Wir können nur hören, was die bezeugen, die vor uns zum Glauben kamen, und was sie überlieferten. –

Wir können auch lesen, führe ich fort. Wir hören, indem wir lesen, was schon aufgeschrieben wurde. Und wenn wir lesen und hören, gehen wir zurück nach Galiläa. Denn dort beginnt auch unser Weg mit Jesus.

Wir sitzen schweigend da und und sehen auf unsere Schriften. Um sie zu vollenden, sind noch manche Anstrengungen nötig. Wird jemand sie auf sich nehmen und an unser Werk anknüpfen, bis schließlich die Gute Nachricht zusammenhängend aufgeschrieben ist?

Christa Möbius

Das Nest im Feigenbaum

Die frühe Gemeinde Jesu in Kapernaum

2013. 100 Seiten. Paperback. € 11,80
ISBN 978-3-927043-53-4

„Wir kennen sie alle: die gekrümmte Frau, die Schwiegermutter des Petrus oder die Tochter des Synagogenvorstehers Jairus. Wir kennen sie aus der einen Begegnung mit Jesus, die uns die Evangelien erzählen, manchmal sind es auch zwei. Wie Schnappschüsse sind die Bilder, die wir von ihrem Leben haben. Wie aber haben sie gelebt? Wie sahen ihre Häuser aus? Womit bestritten sie ihren Lebensunterhalt? Hatten sie Verbindung untereinander als Teil der Jesusbewegung vor Ort? Wie haben sie von Jesus erzählt, wie das Evangelium verkündigt? Gab es Hausgemeinden von Frauen in dieser ganz frühen Zeit der Gemeindebildungen? Christa Möbius geht diesen Fragen nach. Sie tut das mit einer fiktiven Erzählung.

Wir kommen in die Häuser in Kapernaum, wir sehen die Frauen ihr Essen zubereiten, miteinander singen und beten und hören sie immer wieder nachdenklich, fragend und überwältigt von dem sprechen, was sie erlebt haben in der Jesusbewegung und was sie erhoffen. Mich inspiriert ihre Erzählidee, die Geschichte eben zu dem Zeitpunkt beginnen zu lassen, in dem Jesus aus Kapernaum aufgebrochen ist, um nach Jerusalem zu ziehen: ‚Als er den Ort verlassen hatte, kamen sich die Frauen vor wie Nestlinge, die die Vogelmutter allein zurückgelassen hat.' Wir werden mit hinein genommen in das ‚Nest im Feigenbaum', als blieben wir als Leser_innen mit den Frauen, Männern und Kindern in Galiläa zurück, um mit ihnen flügge zu werden im Leben und Glauben und erlebten von dort aus, was im Süden in Jerusalem geschieht: die Verurteilung und Kreuzigung Jesu und seine Auferstehung. Christa Möbius legt ihrer Geschichte Forschungsergebnisse der sozialkritischen Bibelauslegung zugrunde. Genau und kenntnisreich fließen sie in die Details ein, die den Alltag der Menschen in Kapernaum vor unseren Augen anschaulich werden lassen. ‚Das Nest im Feigenbaum' lässt sich gerade angesichts der erregten Debatte innerhalb der Ev. Kirche in Deutschland über Ehe und Familie lesen als ein biblisch begründeter Beitrag zur ‚familia dei', zur Familie Gottes, wie Jesus sie lebte und Frauen, Männer und Kinder anregte, sie zu leben. Lesen Sie selbst!"

Jutta Weiß (Innovative 28)

Hildebrand Henatsch

Herkunft und Entwicklung des Glaubens an Gott

Ein Streifzug durch Bibel und Theologiegeschichte

2014. 164 Seiten. Paperback. € 16,80
ISBN 978-3-927043-56-5

Dieses Buch will ein Streifzug sein durch die Geschichte des Glaubens. Worin hat der Glaube an Gott seinen Ursprung? Und wie hat er sich im Laufe der Geschichte immer wieder gewandelt? Es soll deutlich werden, dass der Glaube an Gott nicht als zeitlose Lehre vom Himmel gefallen ist, sondern zu je verschiedenen Zeiten und entsprechend in sich ändernden Vorstellungen auf die Frage nach dem Woher, Wohin und dem Sinn des Lebens antworten will. Die Verkündigung Gottes und die Rede von ihm ist immer auch Ausdruck des sich wandelnden Weltverständnisses und des jeweiligen Weltbildes. Jede Zeit – auch die unsrige – steht vor der Aufgabe, die Rede von Gott auf die aktuelle geschichtliche Situation zu beziehen. Nur ein zeitgemäßer Glaube kann ein lebendiger Glaube sein.

Horst Hirschler, Bischof im Ruhestand der Evangelisch-lutherischen Landeskirche Hannovers und Abt des Klosters Loccum, schreibt: „Ich habe das neue Buch von Hildebrand Henatsch mit Neugier und Bewunderung durchgelesen. Es gelingt dem Autor in einfacher Sprache, Nichttheologen einen Eindruck von dem zu verschaffen, was uns als Christen, wenn wir unsere eigene Geschichte und Gegenwart durchdenken, wichtig ist. Ein erstaunliches Buch!“